BRIEFE THEODERICHS DES GROSSEN

Briefe des Ostgotenkönigs Theoderich der Große und seiner Nachfolger

Aus den »Variae« des Cassiodor

Herausgegeben von Ludwig Janus

Eingeleitet, übersetzt und kommentiert
von Peter Dinzelbacher

MATTES VERLAG HEIDELBERG
2010

Umschlagabbildung: Medaillon des Theoderich, Rom, Museo Nazionale.

Bibliographische Information der Deutschen Nationalbibliothek
Die Deutsche Nationalbibliothek verzeichnet diese Publikation in der Deutschen Nationalbibliographie; detaillierte bibliographische Daten sind im Internet über http://dnb.ddb.de abrufbar.

ISBN 978-3-86809-033-8

Mattes Verlag GmbH, Heidelberg 2010
Hergestellt in Deutschland

Vorwort

Der Germanenstamm der Ostgoten hat mit seinen dramatischen Zügen in der Zeit der Völkerwanderung und der eindrucksvollen Errichtung einer Könighherrschaft im weströmischen Reich in unmittelbarer Nachfolge der weströmischen Kaiser von jeher ein besonderes Interesse gefunden. Am berühmtesten ist hier die Darstellung in Felix Dahns »Ein Kampf um Rom«, einem historischen Roman über den Überlebenskampf der Ostgoten nach dem Tod Theoderichs des Großen im Jahre 526. Theoderich (s. Bild S. 15) war der charismatische Führer der Ostgoten, der sie durch wechselreiche Kämpfe auf dem Balkan hindurch zur Eroberung Italiens mit der Errichtung einer Königsherrschaft führte, die ihren Sitz in Ravenna hatte. Sie brachte Italien eine dreißigjährige staatliche Stabilität und Friedenszeit.

Die Bauwerke, die während seiner Regierungszeit entstanden, bestimmen immer noch das Stadtbild von Ravenna. Besonders berühmt ist sein Grabmal (s. S. 20). In der deutschen Sage lebte Theoderich als Dietrich von Bern fort und beschäftigte als idealer Held die Phantasien der Deutschen über viele Jahrhunderte. Im 19. Jahrhundert fand dann der historische Theoderich wieder mehr Interesse, dem der schon genannte Felix Dahn auch eine Biographie widmete. Seitdem gibt es ein anhaltendes Interesse an dem Schicksal der Ostgoten und ihrem großen König Theoderich, das sich in den zahlreichen Büchern über die Goten ausdrückt.

Das sehr Besondere ist nun, daß es von Theoderich zahlreiche Briefe in lateinischer Sprache gibt, die von seinem Sekretär Cassiodor nach dessen Tod unter dem Titel »Variae«

veröffentlicht wurden. Cassiodor hatte auch bei den Nachfolgern eine ähnliche Stellung an deren Hof und hat in diese Sammlung ebenso einige Briefe der Nachfolger Athalarich und Theodahad und der Schwester Theoderichs Amalasuintha aufgenommen. Dazu kamen noch einige eigene Briefe, die er in einem hohen Regierungsamt unter Amalsuintha verfaßt hatte. Amalasuintha war nach dem Tod ihres Bruders einige Jahre Regentin für ihren Sohn Athalarich. Trotz der Einmaligkeit dieser Briefe – es gibt nichts Vergleichbares von anderen Germanenfürsten – wurden sie bisher nicht ins Deutsche übersetzt (Einzelheiten siehe die Einleitung von Peter Dinzelbacher).

Aus einer tiefen Faszination für die Geschichte der Ostgoten, die mir durch meinen Vater vermittelt wurde, habe ich mich über lange Zeit bemüht, einen Verlag für eine Übersetzung und Edition der »Variae« zu gewinnen. Da dies nicht gelang, habe ich mich entschlossen die Briefe selbst herauszugeben. Da fügte es sich glücklich, daß ich in Peter Dinzelbacher einen ausgewiesenen Experten für eine Übersetzung mit Kommentar gewinnen konnte und mit Kurt Mattes einen kompetenten Verleger für die Aufbereitung dieser komplexen Texte. Beiden bin ich für ihr Engagement bei diesem Projekt zu großem Dank verpflichtet. Mit den begrenzten Mitteln, die mir zur Verfügung standen, war es nur möglich, eine Auswahl der Briefe in den Band aufzunehmen. Sie sollen eine Vorarbeit und Anregung für eine spätere vollständige Übersetzung sein. Doch geben die von Peter Dinzelbacher und mir ausgewählten Briefe, auch durch die von Peter Dinzelbacher vorgenommene Zuordnung zu bestimmten gesellschaftlichen Feldern wie Politik, Wirtschaft usw., einen anschaulichen Überblick über die wesentlichen Inhalte der Briefe insgesamt. Die Mehrzahl der Texte betreffen die Briefe der Gotenkönige, eine kleinere Anzahl stellt administrative Anordnungen dar, die als Mustervorlagen, sogenannte Formulae, für spätere entsprechende Fälle abgefaßt sind. Auch wurden einige Briefe von Cassiodor selbst in seinem Amt als Praefector praetorio aufgenommen. Die Einleitung von Peter Dinzelbacher und seine kundigen Hinweise und Erläuterungen zu den einzelnen Briefen sollen den situativen Bezug herstellen und den Zugang erleichtern. So können wir staunend erleben, wie diese eintausendfünfhundert Jahre alten Texte das Denken und Handeln eines so bedeutenden Germanenfürsten in der Wendezeit zum Mittelalter bei der Lektüre wieder lebendig werden lassen.

Der heute so aktuelle »Crash of Cultures« prägte im Zusammenprall von germanischer und römischer Welt die Zeit um die Wende zum 5. Jahrhundert und fand in Theoderich dem Großen einen souveränen Vermittler, dem es aus seiner tiefen Vertrautheit mit beiden Kulturen – er war als Geisel in Konstantinopel aufgewachsen – gelang, eine zukunftsträchtige und politisch geniale Balance zwischen der germanischen und römischen Kultur herzustellen, deren Potentiale für eine historische Transformation sich durch die unglückseligen Vernichtungskriege des oströmischen Kaisers Justinian nach dem Tod Theoderichs nur begrenzt entfalten konnten. Doch können wir aus dieser Zeit viel dazulernen, wie politisch-kulturelle Konflikte konstruktiv gehandhabt werden können. Ein wesentlicher Aspekt dabei war sicher, daß Theoderich die Mitarbeit führender Römer wie eben Cassiodor für sich gewinnen konnte. Dieser wurde kürzlich auch von Papst Benedikt dem XVI. in einer Generalaudienz in seiner kulturbewahrenden und kulturversöhnenden Rolle gewürdigt. Seine Seligsprechung ist geplant.

Die Briefe geben einen einmaligen Einblick in die germanisch-römische Welt am Beginn des sechsten Jahrhunderts. In dem brieflichen Austausch zwischen dem Gotenkönig und dem Senat in Rom und römischen Würdenträgern ebenso wie mit anderen germanischen Königen wie dem Franken Chlodwig, dem Thüringer Herminafried, dem Wandalen Trasimund und anderen wird die damalige Mentalität unmittelbar anschaulich. Die Unmittelbarkeit dieser Einblicke wird manchmal getrübt durch den spätrömischen Kanzleistil Cassiodors, dem die Übersetzung Peter Dinzelbachers um der Authentiziät der Übersetzung willen möglichst folgt. Das gilt insbesondere für die Briefe an den oströmischen Kaiser und römische Würdenträger und Beamte. In den Briefen an das Volk der Goten und die

Germanenkönige steht aber ein direkterer und dynamischerer Stil im Vordergrund, in dem man die Ausdruckweise des Germanen Theoderich spüren kann, während die Briefe an die Römer in dem eher verklausulierten und spätantiken indirekten Stil gehalten sind, auf den man sich bei der Lektüre erst einstellen muß. Trotzdem spiegeln auch diese Briefe die besondere Mentalität einer Zeit im Wandel und des Übergangs, als sich die Änderungen des Mittelalters vorbereiteten.

Die Briefe dokumentieren neben den vielen anschaulichen Einzelheiten und Ereignissen einer turbulenten und spannungsreichen Zeit die politische Glanzleistung einer ersten friedvollen Integration der germanischen und der römischen Welt, die in einer dreißigjährigen Friedenszeit zum Ausdruck kam. Damit begann eine Entwicklung, die sich dann im Reich der Langobarden, im Reich Karls des Großen und im Römischen Reich deutscher Nation fortsetzte und die Zeit des Mittelalters prägte. Die Kühnheit der Integration verschiedener Kulturen, wie Theoderich sie im Reich der Ostgoten in Italien für die Zeit seiner Herrschaft verwirklichte, ist aber auch für analoge Probleme der heutigen Zeit ein Beispiel und eine Ressource.

Heidelberg, im März 2010 *Ludwig Janus*

Inhalt

Einleitung 11
- Die historische Situation 13
- Theoderichs Nachleben 22
- Cassiodor 26
  - Leben 26
  - Werke 27
  - Die Variae 28
  - Zum Stil 31
  - Text und Übersetzung 34

Krieg und Frieden 39

Politik 59

Kultur 73

Wirtschaft 100

Recht 117

Religion 134

Konkordanz der Briefe 155

Literaturhinweise 156

Einleitung

Als sich Goethe 1808 voller Zustimmung mit der preisgekrönten, inzwischen schon längst vergessenen Abhandlung des Göttinger Historikers Sartorius über den rechtlichen Zustand der Völker Italiens während der Herrschaft der Ostgoten beschäftigte, war es die politische Situation, der sich sowohl das Thema als auch das ihm gewidmete Werk verdankten: Über die Ära Theoderichs waren Zeitgenossen und Nachwelt sich einig, daß sie zu den wenigen erfreulichen zu zählen sei, die Italien seit den Tagen Hadrians gegönnt waren, und eben deswegen hatte das Pariser Institut de France die Preisaufgabe gestellt. Die einzureichenden Abhandlungen sollten das Paradigma einer positiven Fremdherrschaft schildern, wie sie Napoléon in der Gegenwart mit seinem Imperium zu verwirklichen versprach[1].

Solche Resonanz in der gebildeten Öffentlichkeit war der Geschichte Italiens im späten 5. und in der ersten Hälfte des 6. Jahrhunderts sonst nur selten beschieden; die Zeit des Wandels von der Antike zum Mittelalter ist generell auch heute, ungeachtet so vieler Bücher über diese beiden europäischen Epochen selbst, auch Gebildeten weithin weniger bekannt, als die besonders durch imposante Ausstellungen verherrlichten ›Glanzpunkte‹ des ersten nachchristlichen Jahrtausends, die sich mit aller Hartnäckigkeit an ›Große‹ der Geschichte klammern wie Konstantin I. oder Karl I. oder an die großen Dynastien wie die Karolinger oder die Ottonen usw.

1 Seibt, S. 170f. – N.b.: Die hier und weiter abgekürzt zitierten Publikationen finden sich in den Literaturhinweisen.

Ostgotische Gewandfibel in Adlergestalt, um 500, Nürnberg, Germanisches Museum.

Zwar haben mittlerweile auch entsprechende Expositionen einzelne Völker dieser Zwischenzeit ins Licht gerückt, z. B. die Franken oder die Hunnen. Wenig Aufmerksamkeit gilt aber dem Schicksal Italiens in der Epoche der Völkerwanderung, von dem man die eher vage Vorstellung eines Landes hat, das mit nichts anderem beschäftigt gewesen sein soll, als mit dem passiven Erdulden einer Welle von Fremdherrschern nach der anderen: Wandalen, Goten, Byzantiner, Langobarden, Franken ...[2]

2 Die umfangreichste fachhistorische Darstellung dazu von Hodgkin, Italy and her Invaders, blieb überraschenderweise außerhalb der anglophonen Welt weitgehend unbeachtet.

Faktisch waren die in Hunderten von Jahren herangewachsenen Strukturen der römischen Zivilisation auch nach dem Fall des Imperiums wesentlich resistenter, als jene, die die »barbarischen« Eindringlinge einführten. Erst seit der Nord-Süd-Teilung der Halbinsel in den germanisch beherrschten Norden und den byzantinisch beherrschten Süden seit dem 6. Jahrhundert – eine bis heute in den »due Italie« wirksame Differenz – gingen die alten anspruchsvollen Kulturtechniken entscheidend zurück und wurden durch die einfacheren des frühen Mittelalters ersetzt. Am bekanntesten der Rückzug der Schriftlichkeit in den geistlichen Bereich, wenn er auch in Italien nicht so dezidiert erfolgte wie im sonstigen Europa.

Nun lebte gerade jene Generation, der auch Cassiodor (um 485 bis um 580) angehörte, der Verfasser der hier erstmalig ins Deutsche übersetzten Briefe, ein relativ unangefochtenes Leben in den Bahnen der traditionellen kaiserzeitlichen Kultur. Sogar eine glückliche Zeit war es bis 535, wenn man sie mit der Situation der nachfolgenden Generationen vergleicht. Sie sollte stärker in unser Geschichtsbewußtsein eingehen.

Die historische Situation

Das Jahr 476 gilt vielen als das ›Epochenjahr‹, das den Ausgang der Antike und den Beginn des Mittelalters bezeichnen soll. Der Heerführer Odoaker, ein Sohn eines hunnischen Edlen und einer Germanin aus dem Stamm der Skiren, stürzte damals den letzten westlichen Kaiser, den blutjungen Romulus Augustulus, dessen Vater Orest Sekretär des berüchtigten Hunnenkönigs Attila gewesen war, dann Heermeister im weströmischen Reich. Den kaiserlichen Thron hatte er für ebendiesen seinen Sohn usurpiert.

Freilich gilt das Interesse der heutigen Geschichtsschreibung vielfach nicht mehr nur solchen dynastischen Zäsuren, und ist man sich bewußt, daß Periodisierungen (wie ›Antike‹ und ›Mittelalter‹) primär von uns etablierte Strukturen sind, die den

Verlauf der Geschichte übersichtlicher machen sollen, aber nur selten das Selbstgefühl einer Epoche ausdrücken. So änderte sich für die Bevölkerung Italiens zunächst weder 476 noch in den folgenden Jahren Wesentliches. Die Römer italischer Herkunft waren namentlich im nördlichen Teil der Halbinsel sowohl kriegerische Einbrüche ›barbarischer‹ Stämme gewohnt, als auch die Übernahme von Schlüsselpositionen im eigenen Heer durch Männer aus den Provinzen und nicht weniger die Präsenz germanischer und anderer Einwanderer vor allem als Legionäre und Föderaten[3].

Odoaker hatte nicht den Kaisertitel angenommen, sondern sich nur als König, Rex Italiae, bezeichnet, was es dem in Konstantinopel residierenden Imperator Zenon erleichterte, ihn anzuerkennen. Der neue Herr Italiens begünstigte zwar seine germanischen Truppen mit Land und Steuereinkünften, ließ aber die römische Verwaltung, die Rechtsprechung, die Kirche unangetastet. Erst als Byzanz die ab 488 nach Italien vordringenden Ostgoten unterstützte, kam es zum Bruch, da der Kaiser diesen gefährlichen Scharen lieber die Halbinsel und damit ihren König opferte, als einen gotischen Angriff auf seine Hauptstadt zu riskieren. Nach einer langen Belagerung der Residenz Odoakers, der gut befestigten Stadt Ravenna, wurde er 493 vernichtend geschlagen und wenig später von dem königlichen Heerführer der Goten, Theoderich, eigenhändig ermordet. Ähnlich erging es seinen Anhängern, seine Witwe ließ man im Kerker verhungern. Damit waren die Ostgoten die offiziellen Herren der italischen Halbinsel und etwa ebenso großer anschließender Gebiete auf dem Balkan.

Theoderich (* um 454 in Pannonien; † 30. August 526 in Ravenna) aus dem gotischen Königsgeschlecht der Amaler war keineswegs ein roher ›Barbar‹[4]. Etwa fünfjährig war er als Geisel an den byzantinischen Hof gekommen, wodurch er mit der griechisch-römischen Bildung und den beiden

3 Barbaren, die aufgrund eines Vertrags (»foedus«) im römischen Reich siedeln durften.

4 Vgl. Wolfram, S. 406f.

Theoderich, Medaillon, Rom, Museo Nazionale.

klassischen Sprachen vertraut wurde. Auf dem Balkan lernte er das Kriegshandwerk, ein räuberischer Heerführer im Kampf bald für, bald gegen das Imperium. Später, schon als König seines Volkes, übte er zugleich verschiedene römische Ämter bis hin zum Konsul aus. Als Ostrom 497 den Gotenkönig als Gouverneur Italiens anerkannte, war praktisch eine neue Staatengründung vollzogen, wenn Konstantinopel auch einige Rechtstitel behielt. Es kam zu einer friedlichen Koexistenz zwischen der ansässigen Bevölkerung und den gotischen Neusiedlern, wozu wesentlich beitrug, daß Theoderich sowohl den Senat in Rom mit Respekt behandelte, als auch den Papst und die katholische Kirche, obschon er und seine Goten einer konkurrierenden Form des Christentums, dem Arianismus, anhingen (allerdings war die Mutter des Königs Katholikin). »Nichts war in der Tat äußerlich am politischen und bürgerlichen Wesen des Römertums verändert worden; jede öffentliche und private Form des Lebens blieb unter Theoderich so gut römisch, wie sie es unter Theodosius oder Honorius gewesen war. Er selbst legte sich den Gentilnamen der Flavier bei. Mit ganz besonderer Auszeichnung behandelte er den Senat, obwohl diese erlauchten Väter keinen Anteil an der Reichsverwaltung mehr besaßen. Sie wurden nur als Zentrum aller hohen Staatswürden betrachtet, deren Inhaber mit diesen zugleich den Sitz im Senat erhielten; auch der König selbst gehörte ihm formell an. Mitglieder traditionsreicher römischer Familien arbeiteten in seiner Administration mit, ihr wichtigster sollte Cassiodor sein.«[5] So sah es aus der Sicht der Einheimischen aus. Mehr Veränderung gab es für die Zuwanderer: »An die Stelle der alten Volksversammlung, die, bei der Zersplitterung der Heermänner über ein Gebiet von Syrakus bis Innsbruck und von Belgrad bis Toledo[6], schon aus räumlichen Gründen in der alten Weise nicht mehr möglich war, trat nun das ›palatium regis‹ und die Person des Königs: von ihr strahlte nun alle Ehre, alle Bedeutung im Staat aus.«[7]

So wird man wohl sagen dürfen: Ein nicht der Titulatur oder den Institutionen nach, aber faktisch doch in mancher Hinsicht neuer Staat war entstanden, beherrscht von einer dünnen Schicht von Goten, von denen als »Söhne des Mars« besonders Verdiente auch unter dem »Geschlecht des Romulus« im Senat saßen[8]. Die neuen Herrscher zielten auf eine mit Gerechtigkeit aufgebaute Koexistenz mit den bereits ansässigen Italikern und Provinzalromanen – wie sie aller Welt andauernd versichern ließen. Das war ein Entwurf, der wohl die Chance der Dauerhaftigkeit gehabt hätte: Unterwarfen um diese Zeit die Franken nicht die Römer und Kelten in Gallien, und entstand daraus nicht »la grande nation«, ein weitgehend homogenes Frankreich?

5 Gregorovius, S. 133.

6 In der Zeit der vormundschaftlichen Regierung Theoderichs auch über die Westgoten.

7 Dahn, Goten, S. 232.

8 Variae 8, 10, 11.

Die Taufe Jesu durch Johannes im Jordan (links als personifizierter Flußgott), Kuppelmosaik des Baptisteriums der Arianer in Ravenna aus der Zeit Theoderichs.

Ein Gleiches für das ostgotische Reich in Norditalien, Pannonien und am Balkan war in der Tat im frühen 6. Jahrhundert am Entstehen. Theoderich war gegen Odoaker auf Geheiß seines Adoptivvaters, des oströmischen Basileus Zeno, angetreten, der seinen Sieg freilich nicht mehr erlebte. So verwaltete der Gotenkönig Italien nominell als Vertreter des nächsten byzantinischen Herrschers, Anastasius I. Da der Amaler einige Jahre auch als König der Westgoten fungierte, wäre noch mehr möglich gewesen: ein Reich, das sich von Sizilien bis zu den Alpen, vom Balkan bis zum Atlantik ausgedehnt hätte. Allerdings gab es einige Normen im Ostgotenreich, die dazu hätten geändert werden müssen: Die Romanen hätten wie die Goten wieder allgemein zum Heeresdienst zugelassen werden müssen, die Heirat zwischen den Volksgruppen hätte erlaubt werden müssen, und der katholisch-arianische Gegensatz hätte ausgeglichen werden müssen. Die sonstigen Germanenreiche nahmen alle die katholische Religion an, auch wenn sie zunächst von ihrer Stammesreligion zum arianischen Glauben konvertiert waren[9]. Doch für solche Entwicklungen sollte das ostgotische Königreich nicht lange genug existieren. Auch dürfte die Zahl der Goten im Vergleich zu der der Beherrschten sehr niedrig anzusetzen sein, es werden kaum mehr als 200 000 Krieger gewesen sein[10], zu denen natürlich ihre Familien und Sklaven hinzukamen.

Die Residenz Theoderichs und seiner Nachfolger lag im gut befestigten Ravenna; seine Landsleute siedelten vor allem in Norditalien (besonders in der Umgegend von Mailand, Verona und Pavia), wogegen im Süden nur sehr wenige Germanen anzutreffen waren. Die auch ihm zu dankende künstlerische Blüte der Hafenstadt zieht bis heute die Liebhaber der Bau- und Mosaikkunst an. Die Basilika San Apollinare Nuovo (geweiht 504) wurde von ihm als Christuskirche errichtet, ebenso ein

9 Zur Religions- und Kirchengeschichte ist nach wie vor auf die Darstellung von Hans von Schubert, Geschichte der christlichen Kirche im Frühmittelalter, zu verweisen.

10 Cammarosano, S. 90.

Theoderich hat sein Grabmal als Zentralbau wohl in römischer Tradition errichten lassen (obwohl man es auch als in Stein übersetztes Zelt gedeutet hat) und mit einem riesigen Monolithen bekrönen lassen; die auf ihm angebrachten Ornamente gelten als germanisch (Photo: Dinzelbacher).

oktogonales Taufhaus für die arianischen Gläubigen, beide mit Mosaiken (teilweise nach dem Sieg der Byzantiner zerstört bzw. verändert). Das einzige, was wenigstens zum Teil aus gentiler Tradition zu stammen scheint, ist das Mausoleum für den König mit seinem abschließenden Monolithen. Anderes, wie die Basilika des Herkules mit ihrem Marmorschmuck (I,6) ist heute völlig verschwunden.

Die primären Machtfaktoren, mit denen der König zu rechnen hatte, waren einerseits Byzanz im Osten, im Nordwesten das zunächst noch durch die Burgunder von den Goten getrennte Frankenreich und in Italien selbst der römische Senat. Ohne auf das Hin und Wider der Koalitionen, der politischen Eheschließungen, der einzelnen Kriegszüge und Friedensabkommen näher einzugehen, kann doch als Resultat festgehalten werden, daß Theoderich sich im Wesentlichen mit jeder der genannten Mächte zu arrangieren wußte. Dies spiegelt sich übrigens auch in Cassiodors *Variae* wider, denn sie sind regelmäßig so verfaßt, daß sie weder bei Goten, noch bei Römern oder Byzantinern Anstoß erregen konnten[11]. Und auch nicht bei den damals so zahlreichen religiösen Eiferern: Es ist darauf hinzuweisen, daß in dem ganzen umfangreichen Briefwerk nie die Namen »Jesus« oder »Christus« vorkommen, waren doch die Trinitätstheologie und die Christologie die Hauptstreitpunkte der beiden ›Konfessionen‹ avant la lettre, der Katholiken und der Arianer (XI,2).

Erst in den letzten Regierungsjahren des Gotenkönigs kam es zu jenen Spannungen mit den römischen Senatoren, die dem Minister und berühmten Literaten Boethius 524 das Leben kosteten, Folge eines unter Theoderich nach früherer Ansicht tyrannisch, nach heutigem Wissensstand weitgehend korrekt abgelaufenen Prozesses[12]. Politisch war die Hinrichtung des Senators sicher ein Fehler, denn sie verschärfte die römisch-gotischen und katholisch-arianischen Gegensätze. Amtsnachfolger des Boethius wurde kein anderer als Cassiodor, der über die Affäre völliges Schweigen wahrte, warum auch immer.

Allerdings war es die Persönlichkeit des Amalers, die dem Reich den Zusammenhalt gab; nach seinem Tode erfolgte sogleich eine Aufteilung. Seine Tochter Amalasuintha konnte nur in Wahrnehmung der Vormundschaft für den unmündigen Athalarich herrschen – was sie angeblich noch besser und gerechter tat als Theoderich selbst[13]. Aus verschiedenen Gründen mündeten die stets schwelenden Konflikte mit Byzanz nach ihrer Ermordung rasch in den Vernichtungskrieg, den Kaiser Justinian gegen die erst jetzt von der griechischen Propaganda als feindliche Fremde ketzerischen Glaubens verteufelten Germanen beginnen ließ. Die von Justinians Generälen seit 535 geführten Feldzüge zerstörten in Italien weit mehr, als die gotischen Besatzer, die

11 Manitius, S. 40.

12 Ausbüttel, S. 132ff.; Goltz, S. 355ff.

13 Behauptet wenigstens der Amalasuintha sehr positiv und Justinian und Theodora sehr negativ gegenüberstehende Prokop [Procopius], *Gotengeschichte* I, 2.

Königin Amalasuintha, Theoderichs Tochter, regierte von 526 bis 535 für ihren unmündigen Sohn Athalarich; die von Cassiodor für ihn geschriebenen Erlasse müssen auf ihr Geheiß formuliert worden sein. Elfenbeinrelief, um 530, Wien, Kunsthistorisches Museum.

ja gekommen waren, um zu bleiben. In ihrer Oberschicht waren sie teilweise schon so weit der antiken Kultur ›erlegen‹, daß etwa König Theodad lieber Plato las, als sich mit militärischen Fragen zu befassen[14]. Wenn die für Italien friedliche Herrschaft Theoderichs trotzdem vom Mittelalter bis in die Neuzeit negativ beurteilt wurde, lag dies an der byzantinischen, mehr noch der katholischen Demagogie und Geschichtsschreibung. Sie ließ den Gotenkönig im Feuer des Vulkans Ätna enden, in den hinein die

14 Dahn, Könige, S. 202.

Teufel den »arianischen Ketzer« bei lebendigem Leib gestürzt hätten.

Theoderichs Nachleben[15]

Theoderich war ein Christ arianischen ›Bekenntnisses‹ gewesen, also ein Ketzer in katholischen Augen. Noch dazu hatte er zwei katholische Patrizier und Exkonsulen hinrichten lassen, den berühmten Philosophen Boethius und dessen Schwiegervater Symmachus. Noch schlimmer: ein Papst, Johannes I., war als sein Gefangener in Ravenna gestorben, woraus man gleich auf einen Mord schloß.

Nach dem Ableben Theoderichs, als dann bald keine Goten mehr herrschten, sondern orthodoxe Byzantiner und später katholische Langobarden, kursierte wohl zunächst mündlich die Legende von seinem Höllensturz. Der heilige Papst Gregor der Große († 604) kolportierte sie in seinem vielgelesenen *Dialog von den Mirakeln* (4, 31), womit die autoritative Einschätzung Theoderichs durch Rom festgeschrieben und in der Geschichtsschreibung für lange Zeit in negative Richtung präjudiziert war. Nach Gregor wurde der König nämlich gebunden und barfuß wie ein gemeiner Verbrecher von seinen Opfern Johannes und Symmachus nach Lipari zum Vulkan gebracht und ins Feuer gestürzt (die Vulkane galten als Eingänge zur Hölle). Diese Geschichte findet man in vielen historiographischen und hagiographischen Werken des ganzen Mittelalters nacherzählt.

Die polemische Theoderich-Legende bildete auch gelegentlich den Stoff für bildliche Darstellungen: So ist der Kampf Theoderichs mit Odoaker an der Westfassade von S. Zeno in Verona als Relief zu sehen, gefolgt von dem Höllenritt des Amalers. Hier wird sein Ende (nach einer anderen Überlieferung, doch mit demselben Ziel wie bei Gregor) inschriftlich erklärt: Der Teufel

15 Benedikt, S. 99–111; Zimmermann, H. J.; Heinzle, Dietrich von Bern; Heinzle, Dietrichepik; Habiger-Tuczay; Gottzmann, S. 68–79; Goltz.

Theoderichs Höllenritt, S. Zeno, Verona, um 1140.

habe ein Pferd geschickt, das ihn in die Hölle trug, als der Herrscher auf ihm einen Hirsch verfolgen wollte. Auch als schauriger Führer des Heers der Toten, als Wilder Jäger, scheint Dietrich von Bern, wie Theoderich im deutschen Mittelalter genannt wurde, lokal aufzutreten.

Im Gegensatz zu dieser kirchlichen Theoderich-Tradition entwickelte sich aber auch eine weltliche, die in Deutschland in zahlreichen Monumenten bewahrt ist. Könige wie Karl d. Gr. und Maximilian I. stellten sich in die Tradition des Amalers: Ersterer ließ seine Reiterstatue in Aachen aufstellen, letzterer zählte ihn unter seine Vorfahren, weswegen er einer der ›eisernen Mander‹ ist, die das Mausoleum des Habsburgers in der Innsbrucker Hofkirche umringen.

Schon das karolingerzeitliche *Hildebrandslied* kennt Elemente der Dietrich-Sage (Hildebrand ist der Waffenmeister des Königs). Zweifellos vielfach auf derartigen älteren Überlieferungen basierend entstand v.a. im 13. Jahrhundert eine

Gruppe mittelhochdeutscher Dichtungen mit Theoderich – hier: Dietrich von Bern – als Hauptfigur. Wenn man die Grundzüge der beliebten Heldensagen betrachtet, sieht man, wie sie ganz frei von der geschichtlichen Überlieferung abweichen: Dietrich wächst als Königssohn in Bern (Verona) auf und begeht zahlreiche kämpferische Heldentaten wie etwa die Überwindung des Zwergenkönigs Laurin. Trotzdem ist er kein wirklich erfolgreich Heros, obschon etwa ein magisches Schwert, Mimung, und ein wunderbares Pferd namens Falke in seinem Besitz sind und er mit seinem Feueratem sogar die Hornhaut Siegfrieds schmelzen kann: Dietrich aber wird aus Italien vertrieben und muß an den Hof Etzels, des Hunnenkönigs[16], ins Exil gehen. In der *Rabenschlacht* (Schlacht um Ravenna, ein Reflex des Sieges über Odoaker) triumphiert er zwar nach elf Tagen über seine Feinde, doch fallen mehrere seiner Heldenknaben, so daß Dietrich aufgibt und zu Etzel zurückkehrt. Sicher ist aber der Dietrich des *Nibelungenlieds* (um 1200) heute der bekannteste: Mit Etzel kämpft er nach erfolglosen Vermittlungsbemühungen gegen die Nibelungen und überwindet den grimmigen Hagen. Es scheint, »daß der Untergang der italischen Gotenherrschaft, schon ca. 30 Jahre nach Theoderichs ca. 30jährigen Regierung, dazu zwang, die (für die ›germanischen‹ Erben der Völkerwanderung positive!) historische Gestalt in eine (auch positive!) Leidens-Gestalt umzuwandeln.«[17]

Auch im alten Island wurde eine Sage von Dietrich (Thidrek) erzählt und aufgeschrieben, bemerkenswerter Weise hat sie aber in Italien selbst keine nennenswerten Spuren hinterlassen, ebensowenig in den sonstigen romanischen Literaturen.

In der Neuzeit sank dieses eben skizzierte Erzählgut zunächst in die ›Volksliteratur‹ der Heldenbücher des 15. und 16. Jahrhunderts, schließlich zu den als Jugendliteratur verwendeten Stoffen ab. Von den historischen Romanen und Dramen des 19. Jahrhun-

16 D. i. Attila, der in Wirklichkeit verstarb, als Theoderich erst ca. ein Jahr alt war.
17 Kuhn, S. 125.

Laurinsbrunnen in Bozen (Photo: Ortner).

derts wird bis heute fast nur mehr *Ein Kampf um Rom* des hervorragenden Fachgelehrten Felix Dahn gelesen, der die Geschicke nach Theoderichs Tod behandelt (verfilmt 1968, u. a. mit Orson Welles). Das *Amelungenlied* eines anderen bedeutenden Mittelalterforschers, Karl Simrock, ist dagegen vergessen. Wie Dietrich im 20. Jahrhundert als Symbol des Deutschtums im Kampf mit den Welschen eingesetzt und bekämpft wurde, beleuchtet etwa die geradezu kuriose Geschichte des Bozener Laurinsbrunnens mit seinen wechselnden Aufstellungsorten.[18]

18 Hartung v. Hartungen, S. 161–211.

Cassiodor

Leben

Der Einstieg in die Politik war dem Flavius Magnus Aurelius Cassiodorus Senator (* um 485 in Scylaceum, Kalabrien; † um 580 im Kloster Vivarium bei Scylaceum) durch seinen hochgestellten Vater vorgegeben, schon mit etwa 15 Jahren machte ihn Theoderich zum Quaestor, nachdem er von dem jungen Mann durch einen Panegyricus erfreut worden war. Die Ämter, die er durchlief, waren mit der Formulierung der amtlichen Schreiben des jeweiligen Herrschers verbunden, offenbar konnte sich der Senator gut allen von ihnen anpassen, und daß er nach dem Ende der Gotenherrschaft mehrere Jahre in Byzanz verbrachte, zeigt, daß er es sich auch mit Kaiser Justinian nicht verdorben hatte. Die höchste Position, die Cassiodor bekleidete, war die eines Praefectus praetorio, etwa Oberstatthalters, 533 von Athalarich verliehen (d. h. praktisch von seiner für ihn regierenden Mutter Amalasuintha). In diesen Jahren dürfte Cassiodor die Innenpolitik wohl noch mehr als unter Theoderich mitbestimmt haben. Seine wichtigsten Tätigkeiten beschreibt er lebendig im Vorwort zu seiner Briefsammlung: Die Verpflegung sowohl der Bevölkerung als auch des Militärs gehörte zu seinen Aufgaben, die Rechtspflege, die Beratung der Herrscher.

Anscheinend erst 540, als der Sieg der Byzantiner nicht mehr ungewiß erschien, hat er dieses höchste zivile Amt aufgegeben und sich ins Privatleben zurückgezogen. Von den jahrelangen Kämpfen um Italien hat er anscheinend persönlich nicht viel mitbekommen, da er sich zunächst nach Konstantinopel begab und ab ca. 555, als Italien wieder unangefochten unter Ostrom stand, in dem von ihm erbauten Kloster lebte.

War der Plan Cassiodors, in Rom eine theologische Akademie zu gründen, ob des Gotenkriegs unverwirklicht geblieben, konnte er doch auf seinen Gütern in seiner Heimat ein Kloster als Alterssitz errichten lassen, das, längst zerstört, immer noch als Chiffre für die Bewahrung der abendländisch-

Die berühmteste Kirche Ravennas, San Vitale, zu der der Grundstein noch unter Theoderichs Regierung gelegt wurde. Auch Cassiodor wird hier gebetet haben (Photo: Dinzelbacher).

christlichen Bildung gilt: Vivarium in Squilace (Kalabrien). Dort hat Cassiodor den Untergang der Goten in Italien fast um ein Menschenalter überlebt, hingegeben frommen Studien und der Rettung antiken Wissensgutes für die kommenden Zeiten, die früher nicht völlig unberechtigt »das dunkle Mittelalter« hießen. Einen Ausgleich zwischen Goten und Römern hat er als Politiker nicht durchsetzen können; römisches Wissen und Denken ist aber durch ihn den germanischen Reichen und dann den mittelalterlichen Nationen bewahrt worden. Der jüdische Historiker Flavius Josephus z.B. fand erst durch die in Vivarium erstellte Übersetzung Eingang in die lateinische Tradition, genauso wie die höhere Allgemeinbildung des Mittelalters durch Cassiodors berühmtes Handbuch, die *Institutiones*.

Werke

Da Cassiodor mit den *Institutiones divinarum et saecularium litterarum*, seinem Spätwerk von 551/562, dem mittelalterlichen

Europa quasi einen Lehrplan vermachte, hat sich die Forschung diesen mehr als den durchaus auf die Praxis seiner Gegenwart bezogenen *Variae* gewidmet; überhaupt standen die Werke aus der Klosterzeit des Autors in der Tradition der Kirchengeschichtsschreibung im Vordergrund. Dazu gehören eine theologische Abhandlung über die Seele (als 13. Buch der *Variae* geplant, Zeichen der nunmehr endgültig aszetischen Umorientierung des frommen Verfassers), eine eingehende Psalmauslegung und eine Erklärung neutestamentlicher Stellen. Auch das Buch über die Orthographie diente den Mönchen in Vivarium als Hilfe bei ihrer Arbeit des Abschreibens.

Noch in die vorherige Zeit seiner Aktivität am Hof zu Ravenna fallen die (nur in der Zusammenfassung des Jordanes erhaltene) Gotengeschichte, eine wenig selbständige römische Geschichte im Rahmen der Weltgeschichte und eine Genealogie seiner Familie.

Die Variae

Jacob Grimm, der eines seiner Lieblingsthemen in der Erforschung der gotischen Sprache hatte, sagt kurz und bündig über Cassiodor und die *Variae*: »er legt darin rechenschaft seiner verwaltung ab und die urkunden derselben vor.«[19] Der antike Autor selbst sprach die Sammlung seiner Staatsbriefe monologisierend als »einen Spiegel Deines Geistes« an[20]. Wir sollten diese Angaben hier doch um einiges erweitern: Dem Anschein nach handelt es sich bei dieser Sammlung einfach um ausgewählte Briefe, Edikte, Proklamationen und Formulare, zusammengestellt, um späteren Generationen als formale Muster dienen zu können und durch die vermittelten gelehrten Passagen die Bildung der Beamten zu heben. Man könnte von einer zivilisatorischen Intention des Unternehmens sprechen.

Daß authentische Staatsbriefe der Gotenkönige, formuliert durch Cassiodor, sowie dessen eigene öffentliche Korrespondenz

19 Grimm, S. 187.
20 Vgl. *Praef.* 10.

den Kern der Texte bilden, ist nicht zweifelhaft. Wie aber bei den zur Veröffentlichung bestimmten Briefsammlungen der Antike und des Mittelalters beinahe regelmäßig der Fall, erfolgte nicht nur eine Selektion dessen, was man aufnehmen wollte, sondern gewiß auch eine sprachliche und inhaltliche Überarbeitung. Letztere dürfte bei den *Variae* besonders greifbar sein, sind doch die vielen gelehrten Exkurse für das Genus des Staatsbriefes wenig typisch. So trifft die im Vorwort angegebene Entschuldigung, manche wenig geglückte Formulierung entspräche eben der Eiligkeit, mit der die Schreiben im politischen Alltag abzufassen waren, nur partiell den vorgelegten Text.

Das Werk, unter der Herrschaft des Gotenkönigs Witigis im Jahre 538 veröffentlicht, versammelt, in 12 Bücher gegliedert, 468 Briefe und Formulare; das älteste Stück wird mit 507 datiert. Die Texte stammen aus den Regierungszeiten des Theoderich und seiner Nachfolger Athalarich, Theodahad und Witigis, dazu kommen eigene Verordnungen als oberster Statthalter (»praefectus praetorio«). Damit wollte der Verfasser der Nachwelt aber kein Gesamtcorpus, sondern nur eine Auswahl aus seinen amtlichen Schreiben präsentieren, welche als Vorlagen für stilistische Variationen (daher der Titel) dienen sollten; er hatte die lateinische Beamtenschaft im Dienste der gotischen Herrscher als Publikum im Auge, sicher auch die anderen Gebildeten seiner Zeit.

Im Mittelalter hat man die *Variae* tatsächlich als Briefmuster verwendet. Über 100 Handschriften des Werks aus dieser Epoche existieren noch, in denen die Texte komplett oder partiell tradiert sind. Das ist eine beeindruckende Anzahl; die Manuskripte stammen freilich alle erst aus den Jahrhunderten nach der Jahrtausendwende. Die dem Haupttext teilweise angefügten kurzen Notizen sind allerdings verloren.

Nachweislich sind aber zum Zweck, die Sammlung als Stil-Muster zur Verfügung zu stellen, mehrfach die in diesem Zusammenhang unwichtigen Eigennamen und Daten getilgt worden, so daß die heutige chronologische Zuordnung nicht durchwegs gesichert ist. Viele der erwähnten Personen sind auch nicht mehr identifizierbar. Andererseits hat Cassiodor sehr wahrscheinlich einige Passagen nachträglich in manchen seiner Briefe eingeschoben[21], die von gnomischen Sentenzen bis zu kleinen Abhandlungen aus verschiedenen Sachgebieten reichen.

Obwohl er den Gelehrten betont, zeigt sich Cassiodor in dieser Sammlung naturgemäß in erster Linie als Diplomat und Verwaltungsbeamter. Inwieweit er nur das anpassungsfähige Sprachrohr seiner Herrscher war, inwieweit die graue Eminenz, die den Amalern seine politischen Ideale zu suggerieren vermochte, läßt sich wohl nicht mehr entscheiden; beide Ansichten sind vertreten worden. Doch spielt diese Frage kaum eine Rolle, wenn man die Stücke vornehmlich als Quellen über die kulturellen und mentalen Zustände im ersten Drittel des 6. Jahrhunderts liest, wie es in der hier vorgelegten Übersetzung geschieht.

An der Authentizität der mitgeteilten Realien wird niemand Zweifel hegen, an der Zeichnung der Hauptpersonen und dem vermittelten Tenor der Lebensverhältnisse vielleicht schon eher. Erstellte man ein Bild der Gotenzeit nur aufgrund der *Variae*, dürfte sie wohl in zu freundlichem Licht erscheinen. Wenn wir nicht durch so viele andere Quellen von germanischer Wildheit und römischer Grausamkeit wüßten, müßte man wenigstens das erste Drittel des 6. Jahrhunderts für eine ganz idyllische »aurea aetas« Italiens halten. Cassiodors Auslese klammert nämlich sehr viele anderweitig überlieferte Bezüge zu kriegerischen Ereignissen aus, um die friedliche Prosperität Italiens unter den Goten umso heller leuchten zu lassen. Besonders bemerkenswert ist die Humanität, die sowohl die Gotenkönige als auch Cassiodor selbst an den Tag legen: Da kümmert sich Athalarich liebevoll um die Kur eines Militärbeamten (IX,6), Cassiodor ist so von der Schönheit des Comer Sees begeistert, daß er den dortigen Pferdebesitzern die Nutzung ihrer Tiere für staatliche Dienste mindert (XI,14), und richten gotische Truppen einen

21 Dies ist nicht unbedingt die Communis Opinio der Forschung, doch deuten m. E. abrupte Themenwechsel in einigen Briefen darauf hin.

Hafen und Stadtmauern zur Zeit Theoderichs auf einem Mosaik in der Kirche San Apollinare Nuovo.

Schaden an, wird dieser sofort ersetzt (II,8). Mit einem Worte: »Mitten unter der verkehrten Sitte der Barbarenvölker zeigt sich die Gerechtigkeit der Goten, die sich so immer ins Zentrum des Lobes stellten, wie sie sowohl die Verständigkeit der Römer annahmen als auch die Kraft der Barbarenstämme behielten.« (III,23,3)

Zum Stil

Für seine Zeit muß der dezidiert rhetorische Stil, den Cassiodor in den *Variae* gebraucht, als besonders effektiv bei der Überzeugung der Adressaten gegolten haben, als Mittel der Propaganda für seine Herrscher, als Manifestation seiner erlesenen Bildung. In der jüngeren Neuzeit gelten die Ausdrucksformen des Senators dagegen als ob ihrer »schwulstigen Phrasen« wenig genießbar[22], der Autor versuche, »durch seine oft hohle und phrasenhafte Schönrednerei zu gefallen«[23]. Der erste Historiker, der Teile der Briefe übersetzte bzw. paraphrasierte, charakterisierte ihren Stil gelegentlich als »pompöse Obskurität«[24], und ähnliche Urteile könnte man aus dem 19. und 20. Jahrhundert noch mehr zitieren.

22 Bühler, S. 171.
23 Manitius, S. 40.
24 Hodgkin, Letters, S. 291.

Davon einmal abgesehen: Was kennzeichnet sonst den Stil der *Variae*? Förmlichkeit (die dritte Person ersetzt den Vokativ), Weitschweifigkeit (kommuniziert wird oft ein und derselbe Inhalt mit verschiedenen aufeinanderfolgenden Formulierungen), elitäre Diktion (seltene Worte, Neuprägungen, komplizierte Satzkonstruktionen), Demutsformeln höheren gegenüber, Gnomik (sehr allgemeine Sentenzen dienen zur Erläuterung bzw. Begründung angesprochener spezieller Themen), Moralismus (v.a. natürlich christliche Prägung).

Solche rhetorischen Mittel waren nun einmal ein Bestandteil der höfischen Kultur der Epoche, in Ravenna wie in Rom und in Byzanz; Cassiodor wandte sie auf das Ausgiebigste an. Der Inhalt vieler Schreiben ließe sich in ein paar Sätzen wiedergeben, aber der luxurierende Wortschmuck, in den er verpackt wurde, war – ähnlich wie auch im Barock – ein Element der Kommunikation, das etwa Respekt oder Kompetenz ausdrücken sollte. Deshalb verzichtet unsere Übersetzung ausdrücklich nicht auf ihn und gibt auch die so häufigen, aber bedeutungslosen Variationen von »videri«, »posse« oder »constare« wieder, auf die jeder Klassiker verzichtet hätte.

Cassiodors Prosa wirkt in diesen Schriften an vielen Stellen fast dichterisch. Man nehme als Beispiel »cameris enim ingeniosa praesumptione revolutis« (Nachdem nämlich die Stollen mit erfinderischer Kühnheit weggewälzt wurden) (IX,3,2). Es geht um den Anstich von Stollen zum Goldbergbau. Was wird weggewälzt – doch nicht Gewölbe? Sie sind vielmehr das Ergebnis, das entsteht, wenn man mit kühner Erfindungskraft Steine und Erdreich weggewälzt hat. Was man in einem solchen Schreiben – immerhin einen Befehl des Königs kommunizierend – erwarten würde, ist also »lapidibus revolutis … cameris apertis« (nachdem die Felsen weggewälzt und die Stollen geöffnet waren) oder Ähnliches. Cassiodor bedient sich aber einer Prolepsis oder Anticipatio, einer rhetorischen Figur, bei der man in krasser Verkürzung (man könnte sie Hyperbrachyologie nennen) das Ergebnis dort einsetzt, wo sonst der Prozeß steht, mit dem man zu ihm kommt. Dies nur beispielsweise zu Cassiodors Stil, der für den Latinisten immer wieder ausgesprochen interessante Formulierungen bereithält.

Natürlich variiert der Aufbau der einzelnen Texte in einer so umfangreichen Sammlung (die Bestallungsformulare in Buch VI und VII sind überhaupt ein eigenes Genus). Die längeren Briefe teilt der Verfasser gern in drei Abschnitte, deren erster die Situation schildert, während der oft viel umfangreichere mittlere gnomische Abschweifungen oder realienkundliche Ausführungen bringt, um im dritten wieder auf das angesprochene Problem zu kommen und eine Weisung zu seiner Lösung zu erteilen. Da sind z. B. im Herbst immer noch nicht die erwarteten Getreideschiffe angelangt. Anstatt nun kategorisch nur die schnellste Beförderung der Nahrungsmittel zu fordern und Sanktionen anzudrohen, entwickelt Cassiodor ein kleines meeresbiologisches Kollegium über verschiedene Arten von Wasserbewohnern, die sich an Seefahrzeugen festhalten oder die Matrosen in Gefahr bringen können. Erst dann kehrt er wieder zum eigentlichen Sachanlaß für sein Schreiben zurück (I,35). Einen ähnlichen Aufbau wird man immer wieder in den *Variae* finden, die sich eben nicht trocken auf Präambel, Exposition und Schlußformel beschränken.

Was in diesen Exkursen ausgebreitet wird, besteht teilweise aus antikem Wissensgut, wie man es etwa in der *Naturalis Historia* des älteren Plinius zusammengestellt fand, seltener aus eigenen Beobachtungen, worauf v. a. die Landschaftsschilderungen beruhen. Den Cassiodor der Klosterzeit scheint man schon in jenen Passagen vor sich zu haben, wo er einfach Bildungsgut präsentiert, als ob er eigentlich ein Werk hätte schreiben wollen, wie es zwei Jahrhunderte später der westgotische Bischof Isidor von Sevilla vorlegen sollte: Eine Enzyklopädie des gesamten Wissensstoffes. Aber bei Cassiodor erscheint der Vortrag nicht so unpersönlich, wie in Isidors *Etymologiae* oder den späteren Lexika, er läßt bisweilen in sympathischer Weise seine eigene Einstellung deutlich werden: Man lese nur etwa den Preis des Papyrus, jener wunderbaren Erfindung Ägyptens, die zum Gedächtnis der Weisen geworden ist (XI,38).

Die fast mehr als ein Lebensalter später entstandenen *Institutionen* hat Cassiodor dann wesentlich leichter lesbar gestaltet, sie hätten sonst schwerlich das Bildungshandbuch des Mittelalters werden können.

Text und Übersetzung

Von den frühen Ausgaben der *Variae* – die älteste datiert von 1529 – kann hier abgesehen werden, die erste kritische und bis heute grundlegende wurde von dem berühmten Althistoriker und Juristen Theodor Mommsen 1894 in der prestigiösen Serie Monumenta Germaniae historica zum Druck gebracht. Sie bleibt in jeder Hinsicht unentbehrlich und ist auch im Internet abrufbar.[25] Hilfreich ist die digitalisierte Version mit Konkordanz und Wortverzeichnis, die ebenso elektronisch zur Verfügung steht[26]. 1973 folgte die Edition des Philologen Å. Fridh im Corpus Christianorum, die freilich kaum Änderungen des Textes bringt, aber durch zahlreiche Druckfehler irritiert.

Merkwürdigerweise ist eine so wichtige Quelle wie die *Variae* bislang nie ins Deutsche übersetzt worden, nur gelegentlich stößt man in Geschichtswerken auf wenige einzelne Passagen, stilistisch vereinfacht übertragen[27]. Ja selbst im noch übersetzungsfreudigeren Englischen finden sich nur zwei Blütenlesen: 1886 publizierte Thomas Hodgkin, der Verfasser des umfassenden Standardwerks über die völkerwanderungszeitlichen Einfälle in Italien, ein «condensed translation». Hierbei handelt es sich in der Tat nicht nur bezüglich der aus jedem Brief wiedergegebenen Sätze um eine Auswahl, sondern es sind diese auch mehr Paraphrasen als Übersetzungen. Immerhin sind alle Texte wenigstens durch ein Regest präsent und gibt es eine ausführliche Einleitung sowie eine Reihe erläuternder Anmerkungen. Erst 1992 erschien der nächste Versuch von Sam Bar-

25 http://mdz11.bib-bvb.de/dmgh_new/app/web?action=loadBook&bookId=00000824 – bzw. http://freespace.virgin.net/angus.graham/Cassiodorus.htm.

26 http://www.intratext.com/IXT/LAT0253/_INDEX.HTM.

27 Z. B. Bühler, S. 276ff.

nish, der allerdings eine eher knappe Selektion bietet, diese aber vollständig übertragen (*Translated Texts for Historians* 12). Die anderen europäischen Sprachen haben Cassiodors Briefsammlung bisher ganz beiseite gelassen; kürzlich erschien allerdings eine Auswahl von Lorenzo Viscido[28], die den Originalen eine italienische Übersetzung gegenüberstellt.

Niemand wird also bezweifeln, daß eine deutsche Version dieser höchst interessanten und für die Geschichte der Ostgoten in Italien grundlegenden Quelle wünschenswert erscheint. Mit dem hier vorliegenden Buch steht zwar leider keine komplette Übersetzung zur Verfügung, aber erstmalig eine verdeutschte Auswahl aus jenen Briefen, die unter kulturgeschichtlichem Aspekt bemerkenswert erscheinen. Sie kann zum mindesten als Basis für eine zu erhoffende Gesamtübersetzung dienen. Der Mommsensche Text wurde zugrundegelegt, bei problematischen Stellen auch der von Fridh verglichen. Die Sekundärliteratur wurde, soweit zugänglich, dankbar benützt; namentlich bei Wortbedeutungen, die nur in den *Variae* vorzukommen scheinen, bin ich meist Zimmermann gefolgt. Da unser Buch sich an alle historische Interessierten richtet, aber Spezialisten durchwegs entbehrlich sein sollte, war auf einen wissenschaftlichen Apparat zu verzichten. Nur mögliche Übersetzungsvarianten und die nötigsten Sacherklärungen finden sich in den Fußnoten, auch zwei oder drei Hinweise auf abgelegenere Erklärungsschriften.

Unsere Übersetzung vereinfacht den Satzbau i. d. R. nicht, auch dort nicht, wo er hypertrophiert, und versucht auch, in etwa die Anzahl der Worte im Verhältnis eins zu eins wiederzugeben. Das mit Absicht, denn der Stil eines Textes bewahrt entgegen aller postmodernen Konzeptionen durchaus etwas von der Mentalität des Verfassers, seiner Umgebung und seiner Adressaten. Der vielfach einigermaßen gesuchten und bisweilen preziösen Diktion des Autors ist auch im Deutschen Rechnung zu tragen. So trifft z. B. für »insula« »Eiland«

28 Viscido, Cassiodorus, Flavius Magnus Aurelius

Ein Prophet, schreibend vor seinem Bücherschrank, eine Buchmalerei im Codex Amiatinus (Ende 7. Jh.), kann in etwa den Eindruck einer frühmittelalterlichen Gelehrtenstube vermitteln. Florenz, Biblioteca Laurenziana.

die lateinische Stilebene der *Variae* gegebenenfalls besser als »Insel«, und so wurde denn auch übersetzt.

Der oben erwähnte Eindruck von »Obskurität« gilt freilich stellenweise auch für den, der mit dem Latein der ausgehenden Antike und des Mittelalters vertraut ist. So finden sich tatsächlich in so gut wie allen für diese Arbeit eingesehenen Werken der Sekundärliteratur Übersetzungsfehler, seien es auch nur marginale. Auch die vorliegende Übertragung wird vermutlich kaum vollständig davon freigeblieben sein. Aufs Ganze gesehen, bieten die Texte jedoch nur selten wirkliche syntaktischen Schwierigkeiten, gewiß gelegentlich die eine oder andere unklare Formulierung und ab und an Unschärfen im Vokabular. Dabei sind namentlich vieldeutige Begriffe deshalb problematisch, weil der Übersetzer i.d.R. nur zwischen eindeutigeren aus seiner eigenen Sprache wählen kann. Aus diesem Grund werden gelegentlich in den Anmerkungen mögliche Übersetzungsvarianten vermerkt.

Es ist mir durchaus klar, daß man jeden Brief bei genauer Analyse aller Worte und Konstruktionen im Vergleich mit Parallelstellen in den *Variae* und Cassiodors anderen Werken noch um einige Nuancen näher an das Original bringen könnte. Allein für eine philologisch nicht mehr zu überbietende Arbeit waren die zeitlichen und materiellen Voraussetzungen nicht gegeben, sie würde Jahre beanspruchen. So möge das Vorliegende an dem gesetzten Ziel gemessen werden: Eine thematisch interessante Auswahl aus Cassiodors Briefen über den schmalen Kreis der Kenner des Spätlateins hinaus einem weiteren Publikum zugänglich zu machen und für akademische Übungen einen deutschen Basistext zu liefern, auf Grund dessen das Original leichter verständlich werden sollte.

Die Kenntnis der *Variae*, es sei nochmals gesagt, ersetzt wohl keine Kultur- und Mentalitätsgeschichte der Gotenzeit in Italien. Eine solche existiert u. W. noch nicht[29] und könnte nur aufgrund der Beschäftigung mit allen Quellengattungen gelei-

29 Immerhin sei auf die klaren und abgewogenen Darstellungen bei Manso hingewiesen und auf das Kapitel «Römische Cultur im gothischen Reich» bei Hartmann, S. 175–208. Diesen Historikern standen freilich noch keine

stet werden. Immerhin gibt es noch aufrechte Bauwerke der Ära Theoderichs, wenn auch verändert, wie sein Mausoleum in Ravenna, gibt es archäologische Zeugnisse aus jener Zeit, gibt es weiter die byzantinischen Schriftquellen. Von diesen ist das Werk des Historikers Prokop, der zwar dem Stab ihres Besiegers Belisar angehörte, aber die Goten durchaus ausgewogen beurteilte, wohl am bekanntesten. Seine auf Griechisch verfaßte Gotengeschichte (*Gothika*) kann zur ergänzenden Lektüre der Schriften Cassiodors sehr empfohlen werden. Schließlich sind auch einige andere lateinische Werke außer denen des Cassiodor in jener Periode entstanden, natürlich die des Boethius, aber auch manche kirchliche, etwa von Ennodius oder Eugippius. Auch Quellen des weltlichen und kirchlichen Rechts sowie einige Inschriften und Papyri haben sich erhalten. Damit soll gesagt werden, daß eine solche Kultur- und Mentalitätsgeschichte durchaus geschrieben werden könnte, da die Quellengrundlage hinreicht. Die Briefe des Cassiodor würden in ihr freilich allemal eine zentrale Stelle einnehmen.

archäologischen Funde und Befunde zur Verfügung. Unter den neueren Arbeiten vgl. bes. Burns.

Krieg und Frieden

Wenige Briefe hat Cassiodor in seine *Variae* aufgenommen, die sich direkt auf Kriegshandlungen beziehen, schon gar nicht aus der Spätzeit seiner Amtsführung, als die Angriffe Ostroms begannen. Viel mehr erfährt man über militärische Vorbereitungen zu Land und zu Wasser sowie ihr wirtschaftliches Umfeld. Die Wichtigkeit der Militärarchitektur erinnert bereits an die kommenden Jahrhunderte.

Auf diesem Gebiet lag eine der deutlichen Zäsuren zwischen dem spätantiken und dem gotischen Italien, insofern eine scharfe Trennung zwischen der unbewaffneten römischen Zivilbevölkerung und dem gotischen Heer erfolgte. Der in seiner Jugend in Schlachten erprobte Theoderich, der nach der Annahme des Königstitels nicht mehr selbst in den Kampf zog, hatte den Römern das Tragen von Waffen verboten, allen Goten dagegen den Militärdienst zur Pflicht gemacht (faktisch dienten freilich auch manche Römer unter gotischen Offizieren). Dies nützte natürlich der Herrschaftssicherung, wurde der Bevölkerung aber als freundliche Schutzmaßnahme verkauft. Allerdings waren die Römer in Italien ohnehin unkriegerisch geworden, da ihr Heer schon seit Jahrhunderten mehr und mehr aus Provinzialen und Föderaten gebildet wurde, aus denen auch Kaiser und Heermeister stammten.

Theoderich bemühte sich auch, seine Macht zur See zu stärken, indem er neue Schiffe erbauen und Besatzungen ausbilden ließ. Schon die von Afrika aus operierenden wandalischen Piraten dürften Grund genug dafür gewesen sein. Doch sollte sich im Krieg mit Byzanz die deutliche Unterlegenheit der gotischen Marine zeigen.

I,28 Theoderich befiehlt die Bereitstellung von Steinen für Stadtmauern (507/511)

Im Unterschied zur republikanischen und frühkaiserzeitlichen Epoche, als die italischen Städte kaum Angriffen ausgesetzt waren, wurde ihre Ummauerung in der Völkerwanderungszeit höchst wichtig, wie viele Belagerungen erwiesen. Deshalb die Reparatur alter und die Konstruktion neuer Anlagen, zu denen die Bevölkerung Material beizusteuern hatte.

König Theoderich an alle Goten und Römer

1 Etwas Würdiges ist der Städtebau, dessen sich königliche Obsorge angelegen lassen sein soll, denn es ist die Wiederherstellung der alten Städte der Zeiten Lob. In diesen entsteht sowohl der Schmuck des Friedens als auch die für Kriegszeiten nötige Vorsorge.

2 Daher verordnen wir durch die gegenwärtige Weisung für die Zukunft, daß, wenn jemand (welcher Abstammung auch immer[1]) in seinen Äckern für die Mauern geeignete Steinblöcke liegen hat, er sie gutwillig und ohne irgendeine Verzögerung zur Verfügung stelle. Sie werden dann umso mehr sein Besitz sein, wenn er dies zum Gewinn seiner Stadt hingibt.

3 Was ist denn angenehmer, als den öffentlichen Schmuck wachsen zu sehen, ist doch der Nutzen für alle in der Allgemeinheit beschlossen? Und mögen sie auch wenig Geld bringen – sie werden sich für ihre Spender durch großen Vorteil auszahlen: Sehr oft wird nämlich gegeben, was man [später] mit größerem Nutzen zurückbekommt, und häufig empfängt der Mensch seinen Gewinn, wenn er für das der jeweiligen Zeit Nötige spendet.

1 Gotischer oder römischer.

II,8 Theoderich befiehlt die Verteilung von Reparationszahlungen für durch sein Heer Geschädigte (508)

König Theoderich an den verehrungswürdigen Bischof Severus[1]

Wer wird besser für Recht und Gerechtigkeit ausgewählt, als der, der durch die Priesterschaft geschmückt wird, der aus Liebe zur Gerechtigkeit ohne Ansehen der Person zu urteilen weiß, und, da er alle gemeinsam liebt, keine Gelegenheit für den Neid offenläßt? Da wir nun diese Vorgangsweise als passend zu Euren Verdiensten erachten, zeigen wir an, für Eure Heiligkeit durch den Montanarius[2] 1500 Solidi vorgesehen zu haben, welche Du an die Provinzialen verteilen sollst, je nach dem Dir bekannt ist, daß der eine oder andere in diesem Jahr durch den Durchzug unseres Heeres einen Verlust erlitten hat, wobei die Schädigung zuerst geschätzt werden muß. Damit soll niemand von unserer Freigebigkeit ausgeschlossen werden, den seine Schäden bedrücken. Wir wollen nämlich nicht, daß in wirrer Weise gespendet werde, was in vernünftiger zu verteilen sich gehört, damit nicht, was wir, wie feststeht, notwendig für die Betroffenen geschickt haben, überflüssig an Unbehelligte verteilt werde.

1 Häufiger Name, nicht identifiziert. 2 Unbekannt, fungiert als Geldbote.

II,41 Theoderich bittet Chlodwig um Frieden für den Rest der besiegten Alamannen und schickt mit den Boten einen Zitherspieler (507)

506 hatten die von den Franken unterworfenen Alamannen revoltiert und waren erneut besiegt worden. Theoderich nahm ihre Reste in seinen Schutz und legt dem kriegerischen Frankenkönig Chlodwig I. nahe, es dabei bewenden zu lassen. Beide Herrscher vermieden eine ernstliche Konfrontation.

König Theoderich an den Frankenkönig Chlodwig[1]

1 Freilich beglückwünschen wir uns ob der Verwandtschaft[2] mit Eurer [kriegerischen] Tugend, weil Ihr das in der vorigen Zeit untätige Volk der Franken mit Erfolg zu neuem Streit bewegt habt und die durch stärkere Umstände gebeugten[3] alemannischen Stämme mit Eurer siegreichen Rechten unterwarft. Da man nun aber immer an den Urhebern den Ausgang einer zu unterdrückenden Treulosigkeit sieht und die strafbare Schuld der Anführer doch nicht als die aller gerächt werden soll, mäßigt Euer Vorgehen gegen die erschöpften Reste, weil nach Gnadenrecht die zu entkommen verdienen, die sich, wie Ihr seht, in den Schutz Eurer Verwandten[4] geflüchtet haben. Seid jenen gegenüber nachsichtig, die sich demoralisiert in unseren Grenzen verborgen halten!

2 Ein Triumph, des Gedenkens wert, ist es, den so kühnen Alamannen derartig in Schrecken versetzt zu haben, daß Du ihn zwingst, das Geschenk des Lebens zu erflehen. Es genüge, jenen König zusammen mit dem Übermut dieses Volkes gefällt zu haben, es genüge, daß dieser unzählbar große Stamm teils durch das Eisen, teils durch die Knechtschaft unterjocht ist. Denn wenn Du noch mit den Übrigen kämpfst, wird man Dir nicht glauben, sämtliche besiegt zu haben. Höre auf den in solchen Dingen vielfach Erfahrenen: Jene Kriege sind mir glücklich ausgegangen, welche mit einem moderaten Ende abgeschlossen worden sind. Der nämlich ist beständig Sieger, der alles zu mäßigen versteht, insofern angenehmer Wohlstand vor allem jene umschmeichelt, die sich nicht auf allzugroße Härte versteifen. Gib also milde unserem Genius nach, weil Verwandtschaft[5] sich nach gemeinsamem Beispiel Verzeihung zu gewähren pflegt. So geschieht es nämlich, daß man sieht, Ihr seid meinen Bitten nachgekommen und daß Ihr Euch nicht wegen jenes Teils [der Besiegten] zu sorgen braucht, der, wie Ihr erfahren habt, [nun] zu uns gehört.

3 Darob mit geschuldeter Ehrerbietung und Liebe grüßend, haben wir in gewohnter Zuneigung diesen und jenen als unsere Boten

zu Eurer Exzellenz abgesandt, durch die wir sowohl ein Zeichen Eures Wohlergehens als auch die erhoffte Erledigung unseres Ersuchens einholen wollen. Einiges aber, was uns bezüglich Eurer Interessen erreicht hat, haben wir den Trägern dieses Briefes zur mündlichen Mitteilung an Euch anvertraut, damit Ihr, vorsichtiger geworden, beständig den gewünschten Sieg genießen könnt. Freilich: Euer Heil ist unser Ruhm, und wie oft wir etwas Angenehmes von Euch erfahren, so oft hat nach unserem Urteil das Königreich Italien einen Gewinn.

4 Wir schicken zugleich auch den gewünschten, in seiner Kunst erfahrenen Harfenspieler[6], der mit Stimme und Spiel, in harmonischem Lied den Ruhm Eurer Macht besingend, erfreue. Er wird Euch, meinen wir, daher angenehm sein, weil Ihr gemeint habt, er müsse dringend geschickt werden.

1 Der Name erscheint handschriftlich in gotischer Verballhornung als »Luduin«. 2 Theoderich hatte eine Schwester Chlodwigs geheiratet. 3 Mommsen konjiziert statt des überlieferten »causis« wohl unnötig »caesis« (nach dem Fall der Stärkeren). 4 Der Goten. 5 Die unter den germanischen Völkern. 6 Der dafür von Boethius ausgewählt worden war.

I,1 Theoderich preist den Frieden und nimmt Verhandlungen mit dem byzantinischen Kaiser auf (um 508)

Der Brief scheint ein Versuch zur Wiederherstellung der guten Beziehungen, die 504 durch Übergriffe von Theoderichs Kriegern auf oströmisches Gebiet gestört worden waren, in deren Folge es sogar zu einer Schlacht mit byzantinischen Truppen gekommen war. Anastasius hatte dann 508 durch die Anerkennung des Frankenherrschers Chlodwig einen Rivalen des Gotenkönigs unterstützt, was letzteren unter Druck setzte. Das Schreiben gibt einen Begriff vom damaligen diplomatischen Stil im römischen Reich, der von schmeichlerischen Anreden, Formulierungen und Gemeinplätzen nur so überquoll. Das Lob des Friedens ist – man vergleiche das folgende Stück – rein rhetorisch.

König Theoderich an Kaiser Anastasius

1 Es geziemt uns, gnädigster Kaiser, den Frieden zu suchen, zumal es bekannt ist, daß wir keinen Grund zum Zorn haben; wird doch schon jener zum Schuldner der guten Sitten, der zu Gerechtem nicht bereitwillig angetroffen wird. Für jedes Königreich muß doch die Ruhe wünschenswert sein, in der sowohl die Völker gedeihen wie auch der Nutzen der Stämme gewahrt wird[1]. Diese ist nämlich die schmucke Mutter trefflicher Künste, sie läßt das Geschlecht der Sterblichen in sich erneuernder Folge vorwärtsschreiten, vervielfältigt die Möglichkeiten, veredelt die Sitten, und von wem man bemerkt, daß er kaum nach ihr gestrebt hat, der gilt als Ignorant in solchen Sachen.

2 Und daher, Gütigster der Fürsten, ist es Eurer Macht und Ehre gemäß, daß wir mit Euch, durch dessen Liebe wir schon Fortschritte machen, Einigkeit suchen müssen. Ihr nämlich seid aller Königreiche schönster Schmuck, ihr der heilbringende Schutz des ganzen Erdkreises, Euch respektieren mit Recht die übrigen Herrscher, weil sie erkennen, daß in Euch Einzigartiges wohnt, wir aber, weil wir mit Gottes Hilfe in Eurerem Staat gelernt haben, wie wir harmonisch über die Römer herrschen können.

3 Unsere Regentschaft ist die Nachahmung der Euren, ein Abguß der guten Vorlage, eine Kopie der einzigartigen Kaisermacht. Wir gehen um so vieles den anderen Stämmen voraus, inwieweit wir Euch folgen. Ihr mahnt mich häufig, den Senat zu lieben und die Gesetze der Kaiser bereitwillig zu den meinen zu machen, damit ich alle Glieder Italiens vereinen kann. Wie könnt Ihr denjenigen vom Augustäischen Frieden[2] trennen, von dem Ihr hofft, daß er nicht von Euren Sitten abweiche? Dazu kommt auch das ehrwürdige Gefühl für die Stadt Rom, von der nichts abgesondert werden kann, was sich im Namen der Einheit verband.

4 Demnach haben wir geglaubt, diesen und jenen[3] mit der Aufgabe eines Gesandten zu Euer erlauchtesten Gnaden abschicken zu sollen, damit ein aufrichtiger Friede, der bekanntlich durch die Entstehung von Streitfällen verletzt wurde, nach Eliminierung der Gegensätze fortan in seiner erneuerten Festigkeit verbleibe, weil wir nicht meinten, Ihr könntet es dulden, daß zwischen zwei Staaten irgendeine Zwietracht weiterexistiere, die offensichtlich unter den alten Kaisern immer einen Leib hatten.

5 Diese sollen sich miteinander nicht nur aus distanzierter Freundlichkeit vereinen, sondern müssen einander auch mit ihren gegenseitigen Kräften unterstützen. Das Römerreich habe stets einen Willen und eine Gesinnung! Was wir auch vermögen, es werde Eurem Preis gewidmet!

6 Geneigten Sinnes begehren wir daher, unsere Ehrerbietung im Gruß vorausschickend, Ihr möget von dem so ehrenden Wohlwollen Eurer Milde nicht ablassen, auf die ich hoffen darf, wiewohl sie anderen nicht gewährt werden zu können scheint. Das Weitere lassen wir durch die Übermittler des gegenwärtigen Briefes Euer Gnaden mündlich darlegen, damit weder der Text des Briefes zu umfänglich werde, noch wir den Anschein erregen, hinsichtlich unserer Angelegenheiten irgendetwas beiseite gelassen zu haben.

1 Gemeint sind die ›Kulturvölker‹ wie die Römer und Griechen einerseits, die ›barbarischen‹ Stämme wie die Goten andererseits. 2 Dem kaiserlichen Frieden. 3 Die Namen der Boten werde nicht angegeben.

I,24 Theoderich mobilisiert das Heer der Goten und befiehlt ihnen, ihre Söhne in den Krieg mitzuführen (508)

Der mit diesem Brief begonnene Kampf gegen Chlodwig und seine Franken sollte mit der zeitweisen Ausdehnung der Gotenherrschaft über die Provence enden. Hier wird Friede im

Vergleich zum vorhergehenden, etwa gleichzeitigen Schreiben genau gegenteilig gewertet: Er verweichlicht die Männer und verhindert die militärische Ausbildung der Söhne.

König Theoderich an alle Goten

1 Die Goten braucht man es eher nur wissen lassen, wo es bewaffnete Konflikte gibt, als sie dazu überreden zu müssen; denn es freut einen kriegerischen Stamm, sich zu erproben! Anstrengung scheut gewiß der nicht, der den Ruhm der Tapferkeit begehrt. Daher haben wir also mit der Hilfe Gottes, durch den alles zum Erfolg führt, wenn er es bewirkt, zum Allgemeinwohl ein Heer nach Gallien abzusenden beschlossen, damit einerseits auch Ihr zu Eurem Vorteil einen Anlaß haben könnt, andererseits wir [das,] was wir schon gegeben haben, sichtbarlich Verdienten übertragen haben. In der Ruhe bleibt nämlich die löbliche Stärke verborgen, und wenn es keinen Raum hat, sich zu erproben, ist das ganze Strahlen der Verdienste verdunkelt.

2 Und daher haben wir durch unseren Gefolgsmann Nandus dafür gesorgt, Euch zu ermahnen, daß Ihr zum Kriegszug in Gottes Namen in der gewohnten Weise mit Waffen, Pferden und allem Notwendigem reichlich versorgt, am zunächst kommenden 8. Tag der Kalenden des Juli [24. 5. 508] Euch mit allen Mitteln und mit Gottes Hilfe in Bewegung setzt, auf daß Ihr sowohl zeigt, wie die Tapferkeit Eurer Väter auch in Euch wohnt, als auch, wie Ihr mit Erfolg unserem Befehl nachkommt.

3 Führt Eure Jungschar in das Kriegshandwerk ein, unter Eurer Führung mögen sie sehen, was den Nachkommen zu erzählen sie begierig werden sollen! Denn was man in der Jugend nicht lernt, kann man in reiferem Alter nicht. Die Falkenweibchen, die stets von Beute leben, scheuchen ihre ob ihrer Jugend noch schwache Brut aus den Horsten, damit sie sich nicht an schlaffes Nichtstun gewöhnen; mit den Flügeln schlagen sie die Säumigen, zwingen die Zarten zum Flug, damit sie sich so entwickeln, wie es ihre Mutterliebe erwartet. Ihr aber, die sowohl die Natur erhöht,

als auch die Begierde nach Hochschätzung kühn gemacht hat, müht Euch, solche Söhne zu hinterlassen, wie sie ohne Zweifel Eure Väter an Euch gehabt haben!

V,36 König Theoderich entläßt einen Offizier in Ehren, doch ohne Sold (523/526)

König Theoderich an den Offizier Starcedius

1 Dein durch ununterbrochene Mühen verbrauchter Leib, klagst Du, habe Dir eine Gliederschwäche eingebracht, so daß Du, der Du zuvor zu kriegerischen Auszeichnungen geeignet warst, nun jedoch kaum für ein Leben in Ruhe fähig befunden wirst. Du ersuchst, nicht mehr zu unseren höchst erfolgreichen Kriegszügen gezwungen zu werden, denen Du nicht nach Deinem Willen, sondern durch einen berechtigten Grund entzogen wirst. Nach längerer Prüfung Deiner Vorhaltungen und ihrer sachlichen Anerkennung gewähren wir Dir also mit vorliegender Order den keineswegs unehrenhaften Ruhestand, denn es gibt keine schuldhafte Feigheit bei dem, den bemitleidenswertes Unheil entschuldigt.

2 Aber während wir Dir den Rückzug ins Privatleben gestatten, so nehmen wir Dir doch durch gegenwärtige Weisung das Geldgeschenk[1], weil es nicht gerecht ist, daß Du, wiewohl bekanntlich mit dem Deinigen auskommend, müßig einen Bezug der Aktiven empfangen solltest. Genieße also ein von gegnerischen Nachstellungen sicheres Leben, frei durch unseren Schutz. Auch darf Dich niemand der Schande der Desertion bezichtigen, sind doch jene, die es traf, vom Militärdienst krankheitshalber entlassen zu werden, aufgrund ihrer vorherigen Taten mit Recht als ehrbar zu bezeichnen. Ist es doch unstatthaft, daß einer, der es verdient, von unserem Urteil freigesprochen zu werden, von irgendjemandem beschuldigt werde.

1 Das aktive Soldaten jährlich vom Herrscher erhielten.

V,17 Theoderich lobt den Fortschritt im Flottenbau und regelt die Schiffbarkeit der Flüsse (523/526)

Gegen Ostrom mit seiner bedeutenden Flotte mußte der König logischerweise den Ausbau einer eigenen Marine fördern. Trotz der hier bejubelten Leistungen sollte sich bald erweisen, daß die gotischen Kriegsschiffe den byzantinischen unterlegen waren.

König Theoderich an den Prätorianerpräfekten Abundantius

1 Engagiert arbeite man am Begonnenen, da schon die Nähe der Vollendung lacht, wenn die Hoffnung auf Erfolg Widerwillen vor der Arbeit ausschließt und es ein in seiner Art bedeutender Anreiz ist, zu denken, daß das Erwünschte vollendet wird. Schon längst haben wir daher Eurer Magnifizenz befohlen, an Italiens Küsten die Stätten für die Matrosen vorzubereiten, damit die Schnellsegler, welche der Fleiß herzustellen im Stande sein wird, die vorgesehene Schar der Ruderknechte in Empfang nimmt. Indem Du aber auf unser Geheiß und unsere Auswahl antwortetest, hast Du gezeigt, wie unbezweifelbar die Vollkommenheit ist, den Effizientesten befohlen zu haben, was zu erledigen ist. Du meldest, daß alsbald durchgeführt ist, was man kaum begonnen glauben könnte: daß geradezu mit derselben Geschwindigkeit die Konstruktion der Schiffe vollendet ist, mit welcher sie dann zu segeln pflegen.

2 Da ist nicht bloß mit Worten erzählt worden: Unseren Augen hast Du mit einem Mal einen Schiffswald vorgeführt, schwimmfähige Häuser, Füße des Heeres, die bei keiner Anstrengung aufgeben, sondern die Menschen ohne Erschütterung zum Ziel hinbringen. Der Dreiruderer gibt nur die Zahl der Ruder preis, die Menschenhäupter verbirgt er weislich[1], was, wie wir lesen, zuerst die Argonauten[2] eingeführt. Das erweist sich sowohl für Krieger passend als auch tauglich zum Handel, womit wir, die wir fremde Flotten zu sehen wünschten, jetzt den anderen Provinzen zugleich Erschreckendes wie Schmuckes schicken können!

3 Du hast den durch Deine Schöpfung wiederhergestellten Staat bereichert: Es gibt nichts [mehr], was uns der Grieche vorwerfen oder worob der Afrikaner[3] uns beleidigen könnte. Eben das sehen sie mit Neid bei uns erblühen, woraus sie um viel Geld ihre Wünsche befriedigten. Nun besorgt für die vorgenannten Dinge die Ausstattung, vor allem die Segel, die die Flügel der Schiffe abgeben, und das Holz zum Fliegen [die Masten], Wind der eilenden Kiele, Vorboten des Handels, ruhiger Behelf der Matrosen, durch deren Wohltat die Unbeweglichen zusammenbekommen, was von den schnellsten Vögeln kaum erfüllt zu werden vermöchte.

4 Dies [das Segelwerk] hing Isis[4] als erste auf einem Schiff auf, als sie auf der See ihren Sohn Harpokrates mit kühn weiblichem Verantwortungsgefühl suchte: Als so die Mutterliebe ihre Sehnsucht zu erfüllen eilte, sah man, wie sie der Welt Unbekanntes erschloß. Und daher soll am nächsten Tag der Iden des Juni die gesamte Schiffsflotte bei der Stadt Ravenna zusammenkommen, mit göttlicher Hilfe und Beistand für uns, deren Kraft darin besteht, der Menschen Trachten zu vollenden. So soll damit diese Sache in Freude über das nahe Ziel zum vollständigsten Erfolg geführt werden!

5 Da wir aber mit Gottes Hilfe die Anzahl der Schnellsegler zu erhöhen wünschen, befehlen wir, daß, wenn zu ihrer Herstellung nötiges Holz an beiden Ufern des Poflusses zu finden ist, es gefällt werde, ohne daß jemand sich zu widersetzen hat, denn wir wollen, das, was man findet, soll ohne Einspruch der Großen nur für das gegenwärtige Werk zur Verfügung gestellt werden. Unser Po soll die heimischen Holzschiffe auf das hohe Meer schicken. Die Tanne, die, vom Strom der Bäche genährt, in die Höhe wuchs, soll es lernen, die Gipfel der Meereswogen zu überwinden.

6 Dies auch glaubten wir, dezidiert abstellen zu müssen, was, wie wir durch Euren Hinweis erfahren haben, geschieht: Daß es niemand in schiffbaren Flüssen, die durch verschiedene Gebiete strömen, d. h. im Mincio, Oglio, Sérchio, Arno und Tiber, wage, die Flußbetten der Fischerei wegen mit einem ganz schandbaren

Flechtwerk abzusperren. Was man sich da schon erlaubt hat, ist schleunig abzureißen! Der Fluß soll für die Schiffahrt offen bleiben! Den [kulinarischen] Wünschen der Leute genüge es, den Delikatessen mit den üblichen Kniffen nachzuspüren, nicht den freien Lauf des Flusses durch bäuerliche Erfindung zu hindern, auf daß nicht, was schon auszusprechen Unrecht ist, dem allgemeinen Nutzen ein privates Vergnügen entgegenzustehen scheint.

1 Nämlich dem Feinde. 2 Die Argonauten waren jene mythischen Helden, die auf dem Schiff Argo mit Jason nach Kolchis fuhren, um das Goldene Vlies zu erringen. 3 Die Vandalen mit ihrer schlagkräftigen Flotte. 4 Isis galt als Beschützerin der Seefahrer; zu ihren Kultriten gehörte es, ein geschmücktes Schiff ins Meer hinauszustoßen.

IV,15 Theoderich befiehlt den Ersatz von 21 toten Ruderknechten (507/511)

Weder der Empfänger des Briefes noch die Situation, aus der heraus er verfaßt wurde, sind bekannt. Auch, ob es sich in diesem Fall bei den Ruderern für die (höchst wahrscheinlich militärischen) Schnellsegler um Sklaven, fronpflichtige oder angeheuerte Knechte handelte, geht aus dem Text nicht hervor.

König Theoderich an den hochgeschätzten Benenatus

1 Durch die Mitteilung des erlauchten und erhabenen Finanzstaatssekretärs erfahren wir, daß 21 Schnellruderer aus der festgesetzten Zahl durch Tod zu Unzeit abgegangen sind. Wisse daher, daß unsere Vorsorglichkeit, der es eigen ist, was durch das Schicksal verloren ist, durch Überlegung wiederzugewinnen, dies beschlossen hat: Du mögest ohne jedes Zögern eilen, oben genannte Schnellruderer zu finden, solche freilich, die man zu dieser Aufgabe geeignet befinden kann.

2 Die mühsame Arbeit der Ruderknechte verlangt nämlich an Gesinnung und Kraft fähige [Männer], damit ihr Selbstvertrauen den Stürmen der Wogen widerstehen kann. Was gibt es denn Kühneres, als mit einem kleinen Schiffchen auf dieses trügerische und so grenzenlose Meer hinauszufahren, das nur die Kühnheit der Verzweiflung mühevoll überwindet? Daher hast Du hinsichtlich unserer Befehle diese Vorsicht walten zu lassen, daß Du keine Beschwerde führst, wenn man Schwache zusammenholt, da Du weißt, wir haben nach besonders Starken verlangt!

V,10 Die Versorgung der gepidischen Krieger in gotischen Diensten (523/526)

Die Gepiden waren einer der wandernden Germanenstämme, die schon lange mit den Goten Kontakt gehabt hatten; von Theoderich waren sie unterworfen worden. Zu seiner Zeit siedelten sie innerhalb seines Reiches im heutigen Rumänien; ein Teil gehörte zum Heeresaufgebot des Ostgotenkönigs.

Die beiden folgenden Briefe verdeutlichen praktisch, was ›Völkerwanderung‹ auch bedeutet: Ein ganzer Stamm oder, wie hier, ein Teil von ihm zieht auf Geheiß eines mächtigen Herrschers in neue Siedlungsgebiete, natürlich um dort militärisch zum Einsatz zu kommen. In diesem Fall wurden die Gepiden durch das ostgotische Kernland in Norditalien geschickt, um im heutigen Südfrankreich gegen die merowingischen Franken eingesetzt zu werden.

In derselben Sache schreibt Theoderich einmal an seinen Beauftragten, wahrscheinlich ein Gote namens Wera, der den Zug beaufsichtigte, dann an die Gepiden selbst.

König Theoderich an seinen Beauftragten Veranus

1 Wenn mit Gottes Hilfe ein erfolgreiches Heer zur allgemeinen Verteidigung geführt werden soll, ist Vorsorge zu tragen, daß sie[1] nicht entweder selbst durch Mangel ohne Hilfe ermüdet werden oder (was schon zu sagen ein Frevel ist) unsere Provinzen Verwüstung zu erleiden scheinen. Die erste Stufe zum Wohlstand ist es nämlich, den Seinen keine Unbill zu bringen, damit es nicht den Anschein hat, wir hätten die Güter der Unsrigen geschädigt, zu deren Vorteil wir arbeiten.

2 Und daher delegieren wir mit vorliegendem Erlaß an Deine Ergebenheit, daß Du die Menge der Gepiden, die wir zum Schutz nach Gallien haben eilen lassen, mit aller Zurückhaltung durch Venetien und Ligurien durchziehen läßt. Damit ihnen keinerlei Gelegenheit zu Übergriffen geboten wird, hat unsere Großzügigkeit ihnen für jede einzelne Abteilung[2] drei Solidi[3] bestimmt, daß sie nicht Lust ankommt, unsere Provinzialen zu berauben, sondern sie die Möglichkeit haben, mit ihnen zu handeln.

3 Dieses hat nun unser Großmut für die Ruhe aller den sich Mühenden eingeräumt, daß, wenn entweder ihre Fahrzeuge auf dem recht langen Weg in Brüche gehen oder die Tiere aus Anstrengung nicht weiterkönnen, sie unter Deiner Aufsicht und Vermittlung bei den Grundbesitzern ohne irgendwelche Bedrückung ausgetauscht werden können, wobei die, die von Gestalt und Beschaffenheit bessere Tiere geben werden, mit gesunden, wenn auch kleinen, zufrieden sein sollen; denn das Leben jener ist ungewiß, die von zu großer Ermüdung erschöpft sind. So geschieht es, daß es weder jenen an den nötigen Transportmitteln fehlt, noch jemand meint, er sei durch einen solchen Austausch benachteiligt.

1 Die Krieger. 2 »per condamam«, eigentlich ein Flächenmaß, hier gemeint offenbar die aus einem Krieger, seiner Familie und seinen Sklaven gebildete Gruppe, die auf einem solchen Gebiet wohnte, einschließlich der Tiere. Vgl. Goffart, S. 177ff. 3 Eine vergleichsweise sehr hohe Summe.

V,11 (525/526)

König Theoderich an die Gepiden auf dem Zug nach Gallien

Es entsprach freilich unserer Disposition, daß wir befahlen, Euch solle auf dem Marsch der Proviant ausgeteilt werden; damit aber keine verdorbenen Güter gebracht werden oder es zu Schwierigkeiten kommt, haben wir bevorzugt, Euch drei Solidi in Gold pro Einheit zu senden, damit Ihr Euch die Lager je nach vorhandenem Heuvorrat aussuchen könnt und das, was Euch am besten paßt, kaufen sollt. Denn das wird den Grundbesitzer zum Entgegenkommen bewegen, wenn er erfährt, daß Ihr das Nötige einkauft. Reist mit Glück, aber geht mit Zurückhaltung: So muß Euer Marsch sein, wie es sich für solche geziemt, die sich für das Heil aller mühen.

XII,17 König Athalarich befiehlt die Befestigung Ravennas (526/534)

Die Spätantike war von der Ummauerung unbefestigter Siedlungen und der Verstärkung bestehender Wehrbauten geprägt, was sich vielfach archäologisch nachweisen läßt. Auch vor der schon gut gesicherten Residenz der Ostgoten sollte ein neuer Graben angelegt werden, nicht nur für den Fall militärischer Konflikte, sondern auch um den Verkehr allein durch die Torbauten zuzulassen, was eine verstärkte Kontrolle der Einreisenden ermöglichen sollte.

König Athalarich an Johannes Liquatarius in Ravenna

1 Die Befestigung der Städte ist eine sichere Hoffnung für alle, wenn im Frieden von den Stämmen außerhalb gelernt wird, was beim Kampf wirklich gefürchtet wird. Die einzelnen Städte bewohnen nämlich in Fülle verschiedene Arten von Menschen:

Wer weiß schon, mit welchem Stamm er zusammenstößt? Und daher müssen alle erkennen, was für künftige Feinde zu bestürmen unangenehm ist. Daher wirst Du aufgrund unserer Weisung dafür sorgen, die Grundbesitzer zu ermahnen, daß sich beim Ziegenberg und in seiner befestigten Umgebung ungeheure Öffnungen von Gräben auftun und sich dort eine solche Kluft öffnet, daß da kein Eintritt [in die Stadt] mehr möglich ist. Warum sucht Ihr verbrecherischen Leute nach unerlaubten Zugängen, wo Euch doch der legale Zutritt durch die Tore freisteht? Ich weiß nicht, was Ihr zu verbergen scheint, die Ihr nicht offen einzutreten wünscht.

2 Ein rechtes Gewissen bleibt auf den öffentlichen Straßen, freut sich, mit Entgegenkommenden zu sprechen, und wenn es Verschiedene freundlich fragt, fühlt es sich nicht ungut von der Mühe beschwert. Nicht gekannt werden zu wollen, heißt doch, sich mit dem Verbrechen zu befreunden, und wer seine Wege verbirgt, verrät sein Gewissen. Weiter sollen die früheren Pfade wieder allgemein benutzt werden, damit nicht die, die eine mühelosere Abkürzung suchen, mit dem Preis ihres Lebens bezahlen müssen. Den hat man nämlich zu Recht als Feind zu betrachten, der versucht, die Befestigungen der Stadt zu verletzen.

VII,18 Über die Wichtigkeit qualitätvoller Waffenherstellung

Formular betreffend die Leiter der Waffenherstellung

1 Bedenke, was Du übernimmst, und Du verstehst, daß es für Dich keinen Raum für Fehler geben darf! Denn die Waffen gut herzustellen, das heißt, das Heil aller bewahren zu wollen, denn schon beim ersten Anblick wird der Feind von ihnen erschreckt und beginnt an Mut zu verlieren, wenn er erkennt, keine gleichen zu besitzen. Und so haben wir Dich, von der guten Meinung über

Deinen Charakter eingeladen, von dieser Amtsperiode an an die Spitze der Soldaten und Waffenschmiede gesetzt, auf daß Du von den Handwerkern ein solches Werk verlangst, wie Du weißt, daß es uns gefallen kann. Die Gewißheit, daß wir nicht vor Ort sind, möge Dich nicht verführen: Gib acht! Was immer Du tust, sehen wir, die wir beim Gebrauch durch ganz genaue Untersuchung die Fehler der Handwerker beim ersten Ansehen festzustellen und die lobenswert gemachten [Waffen] zu beurteilen vermögen!

2 Beachte also, mit welcher Sorgfalt, welchem Eifer das herzustellen ist, von dem feststeht, daß es zu unserer Prüfung kommen wird! Gib auch acht, daß Dich keine Käuflichkeit, keine Schuld untergehen läßt, so daß Du nicht darob bestraft wirst, wo Du gefehlt! Denn verzeihlich kann nicht sein, was in dieser Sache mißrät. Ein Werk, das Tod und Heil bringt, die Vernichtung der Sündigen, den Schutz der Guten, ist immer eine notwendige Hilfe gegen die Schlechten. Ein solches scheint zuerst Phoroneus[1] der Juno dargebracht zu haben, damit sie, wie man meinte, seine Erfindung durch ein glückliches Zeichen ihrer göttlichen Kraft weihe. Sie sind im Krieg notwendig, im Frieden schmuck, sie machen schließlich die unkriegerischen und schwachen Sterblichen stärker als alle wilden Tiere.

[1] Kultheros von Argos, der mit ewigem Feuer verehrt wurde.

I,40 Theoderich befiehlt Waffenübungen für die Einwohner von Salona (507/511)

König Theoderich an den erlauchten Grafen Osuin

Unsere Anweisung darf durch keine Verzögerung behindert werden, damit nicht etwas, von dem feststeht, daß es heilbringend verordnet wurde, durch das Laster der Langsamkeit behindert wird. Und daher müssen die Waffen früher verteilt werden, als sie die Notwendigkeit fordern kann, damit, wenn es an der Zeit ist, sie umso bereiter für das Befohlene sind. Wenn die Kriegskunst nämlich nicht im Vorhinein geübt wird, hat man sie nicht, wenn sie nötig sein wird. So wird Eure hohe Erhabenheit gemäß unserem Befehl die Krieger von Salona[1] mit den nötigen Waffen versorgen (wie sich für jeden die Möglichkeit ergibt, sich [dafür] freizumachen), denn das verläßliche Heil des Staates ist der bewaffnete Verteidiger. Der Soldat soll in der Ruhe erlernen, was er im Krieg ausführen kann. Man erhebt den Mut nicht plötzlich zu den Waffen, wenn man nicht durch vorherige Übung vertrauen kann, für sie geeignet zu sein.

Kälber vollführen im Spiel Kämpfe, damit sie diese in reiferem Alter beherrschen; Welpen üben spielerisch die Anfänge der Jagd. Beim Anfeuern verwenden wir anfangs zartes Reisig, wenn man nämlich auf die erste Glut dicke Holzstücke legt, löscht man das Feuerchen aus, das man anfachen möchte. So kann auch Menschensinn nicht zu dem geeignet befunden werden, was man erstrebt, wenn er nicht zuerst gelinde vertraut gemacht wird. Aller Anfang ist furchtsam, und anders wird die Ängstlichkeit nicht genommen, als indem die nötigen Dinge aufhören, so unvertraut zu wirken.

1 Solin in Kroatien.

XI,14 Cassiodor stellt die Bewohner von Como von Spanndiensten frei und preist ihre Landschaft (533/537)

Zwischen dem ersten und letzten Abschnitt dieser Dienstanweisung, durch die die Comasker der Stellung von Pferden für den öffentlichen Verkehr enthoben werden, ist ein Lob des Sees eingeschoben, bei dem man fast glauben möchte, einen Text der Fremdenverkehrswerbung avant la lettre zu lesen. Was den Verfasser mehr interessiert, als es sonst für seine Zeit typisch ist, sind landschaftliche Schönheiten und Naturmerkwürdigkeiten.

Der Prätorianerpräfekt Senator an den Kanzleidirektor der Provinz Ligurien Gaudiosus

1 Da viele Wege nach der Stadt Como führen, melden ihre Begüterten, daß sie so durch die beständige Inanspruchnahme ihrer Pferde erschöpft sind, daß sie selbst von den eilenden Rossen geradezu zerrieben werden. Für sie, verordnen wir kraft königlicher Gnade, soll stets ein Privileg[1] gelten, damit nicht jene auf Grund ihrer Lage gut bewohnbare Stadt wegen der häufigen Beeinträchtigung an Einwohnern abnehme. Denn sie ist hinter den abgelegenen Bergen und dem weiten See reinsten Wassers gleichsam eine Mauer für die ligurische Ebene. Wenn sie auch offenbar eine schützende Sperre vor der Provinz ist, erwächst sie doch zu so großer Schönheit, daß sie nur zum Vergnügen errichtet zu sein scheint.

2 Sie entläßt in ihr Hinterland gepflegte Felder, die sowohl für liebliche Spazierritte geeignet als auch für reichliche Nahrung günstig bereitet sind. Vorne erfreut sie sich am Liebreiz von sechzig Meilen des süßesten Gewässers, so daß sowohl das Gemüt von genußvoller Erholung gesättigt wird als auch die Fülle der Fische durch keine Unwetter vertrieben wird. Zu Recht hat also Como seinen Namen empfangen, das sich solcher Geschenke gefällig erfreut[2]. Dieser See nun wird von der Tiefe eines sehr weiten Tales aufgenommen und ahmt elegant die Form von Muscheln nach, sein Ufer bemalt von weiß schäumender Gischt.

3 Um ihn herum vereinigen sich wie ein Kranz die wunderschönen Gipfel der hohen Berge, seine Küsten sind trefflich mit leuchtenden Residenzen geschmückt und werden wie mit einem Gürtel palladischer Waldung[3] von immergrünen Pflanzen umzogen; über ihm steigen die Flanke des Berges schattige Weinpflanzungen hinan. Der Gipfel selbst aber ist wie von der schmückenden Natur bemalt mit Haaren: dicht gedrängte Kastanienbäume. Von dort stürzen schneeweiß blinkende Bäche von der Höhe in die Tiefe zum Seegrund.

4 In seinem Schoß wird, vom Süden kommend[4], der Fluß Adda in offene Buchten aufgenommen, der einen solchen Namen daher erhielt, weil er sich wie in ein eigenes Meer wälzt, nachdem er zwei Quellen empfangen hat[5]. Mit solcher Gewalt strömt er in die Wellen des so weiten Gewässers ein, daß er sich, stark angeschwollen, unter Beibehaltung des Namens und der Farbe ein Flußbett nach Norden schafft. Man möchte meinen, daß eine dunklere Linie in den hellen Wassern gezeichnet ist, und erblickt den auf wundersame Weise natürlichen Farbunterschied des einfließenden [Stromes], wohl wissend, daß er sich mit ähnlicher Flüssigkeit mischen kann.

5 Das geschieht freilich auch bei der Einmündung von Flüssen ins Meerwasser, aber der Grund dafür ist allgemein bekannt, sind doch die reißenden Bäche von Schlamm und Schmutz verunreinigt und somit andersfarbig als die glashelle See. Das aber hält man zu Recht für staunenswert, ein seiner Beschaffenheit nach so sehr ähnliches Element ganz rasch durch ein ruhig stehendes Gewässer fließen zu sehen, daß man meint, ein Strom durcheile festes Land, von welchem man nicht sieht, daß er sich vielleicht farblich mit den fremden Wogen vermischen könne.

6 Daher werden die Anwohner dieser Gegend mit Recht geschont, weil alles Liebliche Mühseligkeiten gegenüber empfindlich ist und jene leicht die Last der Beschwernis fühlen, die an süße Annehmlichkeiten gewohnt sind. Sie mögen sich also immerdar an dem königlichen Geschenk ergötzen, auf daß sie, so wie sie die heimatlichen Freuden genießen, auch die fürstliche Freigiebigkeit frohlocken lasse.

1 Erst unten § 6 wieder angesprochen. 2 Wortspiel: »Como« … »compta« (gepflegt). 3 Ölbäume; sie waren der Pallas Athene heilig. 4 Faktisch durchströmt der Fluß den See von Osten nach Süden. 5 Cassiodor etymologisiert lat. »Addua« von »a duobus« (von zweien).

Politik

Theoderichs wichtigste Aufgabe in der Außenpolitik (von der dieser Abschnitt handelt) bestand darin, seine Position durch gute Beziehungen zu den umgebenden Mächten zu festigen. Sie war ja doch wenig sicher aufgrund der vergleichsweise geringen Zahl seiner Truppen, die über ein großes und potentiell unsicheres Territorium zu wachen hatten. Byzanz war stets ein gefährlicher Nachbar, der trotz der offiziellen Stellung des Königs als Vertreter des Basileus Italien jederzeit unter seine direkte Herrschaft zurückfordern konnte. Es gab genug Römer, durchweg Katholiken, die dies aufgrund der religiösen Ablehnung der arianischen Goten zu unterstützen bereit waren. Die Merowinger, ebenfalls eine katholische Dynastie mit einem großen Heer, blieben eine stete Bedrohung für West- und Ostgoten.

So war es nur logisch, daß Theoderich gute Beziehungen besonders zu den anderen Germanenkönigen suchte, die ja allesamt bis auf Chlodwig seinen Glauben teilten. Dazu diente die Verheiratung seiner weiblichen Verwandten an diese Herrscher. Natürlich standen auch die Frauen aus der königlichen Dynastie unter der Munt (patria potestas) ihres Vaters bzw. Onkels und mußten den zum Gatten nehmen, der in seine Politik paßte. Bemerkenswert ist aber, daß Theoderich von ihnen eine relativ aktive Rolle als Beraterinnen erwartet: Die Zugehörigkeit zum Blute der Herrscherfamilie hat größeres Gewicht als die von Religion und Recht geforderte völlige Unterwerfung unter den neuen Muntwalt, d. h. den Gemahl.

IV,2 Theoderich adoptiert den König der Heruler als Waffensohn (vor 495? 507/511?)

Die Geschichte des ostgermanischen Volkes der Heruler insgesamt wie auch ihre Situation zur Zeit Theoderichs erscheint aufgrund mangelnder bzw. unklarer Quellen wenig gesichert; ihr Reich um 500 wird in der heutigen Slowakei lokalisier[1]. Das Christentum übernahmen sie erst 527 auf Veranlassung Justinians. Man kann vermuten, daß Theoderich das hier angesprochene Bündnis im Zuge seiner gegen die Franken gerichteten Politik einging; allerdings wurden die Heruler bald danach von den Langobarden besiegt, um in der 2. Hälfte des 6. Jahrhunderts aus den historischen Quellen zu verschwinden. Bei dem in den Handschriften nicht genannten König handelt es sich sehr wahrscheinlich um Roduulf (Rudolf), der im Krieg mit den Langobarden das Leben verlieren sollte. Die Waffensohnschaft, d. h. die Adoption durch ein Geschenk von Waffen, wird von Cassiodor ausdrücklich als Brauch der Stämme der Völkerwanderungszeit bezeichnet; belegt ist dieser jedoch nur bei den Byzantinern und Ostgoten, weshalb auch ein oströmisches Ritual vermutet wird[2].

1 Brandt, The Heruls. 2 Wolfram, Waffensohn.

König Theoderich an den König der Heruler

1 Durch Waffen zum Sohn werden zu können ist bei den Völkern unzweifelhaft höchst rühmlich, denn niemand ist würdig, adoptiert zu werden, wenn er es nicht verdient, als besonders tapfer anerkannt zu werden! Von der eigenen Nachkommenschaft werden wir oft enttäuscht; die aber kennen die Mutlosigkeit nicht, die unsere Hochschätzung zu Nachkommen gemacht hat[1]. Diese besitzen unsere Gunst nicht von Natur aus, sondern ausschließlich aufgrund ihrer Verdienste, wenn Fremde sich durch das Band der Gesinnung verpflichten. Und in dieser Handlung liegt so große Kraft, daß [die Adoptivsöhne] lieber sterben wollen, als

daß es [auch nur] schiene, ihren Vätern werde etwas Schlimmes zugefügt.

2 Und daher machen wir Dich nach der Sitte der Völker und Mannesbrauch mit gegenwärtigem Geschenk zu unserem Sohn, daß Du richtig durch die Waffen geboren werdest, [Du,] von dem man weiß, daß Du ein Krieger bist. Wir geben Dir nämlich Pferde, Schwerter, Schilde und das Weitere für das Waffenhandwerk, doch was jedenfalls wichtiger ist: Wir schenken Dir unsere Hochschätzung. Du giltst nämlich als der Höchste unter den Völkern, der Du durch das Urteil eines Theoderich bestätigt wirst.

3 Ergreife also mir und Dir zu künftigem Nutzen diese Waffen! Der verlangt von Dir Ergebenheit, der Dich noch mehr zu unterstützen entschlossen ist. Erprobe Deinen Mut, und Du wirst keine Gefolgschaft brauchen: Ein solcher adoptiert Dich, daß Du aufgrund seines Volkes eher gefürchtet werden wirst. Schließlich ist der Beistand der Goten den Herulern bekannt – durch Gottes Hilfe. Wir haben Dir die Waffen geschenkt, die Völker aber haben einander einst das Unterpfand ihrer Tugenden angedeihen lassen[2].

4 Indem wir Dich mit unserer angemessenen Gunst grüßen, übermitteln wir das Übrige durch unsere Gesandten[3] in der Muttersprache. Sie sollen Euch sowohl unseren Brief deutlich erklären als auch hinzufügen, was es zu sagen gibt, um unsere Gunst zu bekräftigen.

1 Wörtlich: ... welche die Urteile geboren haben. 2 Vielleicht ist der gemeinsame Kampf der Goten und Heruler gegen die Hunnen nach Attilas Tod gemeint. 3 Namen fehlen.

V,43 Theoderich ermahnt den Wandalenkönig Trasimund, weil er einen seiner Gegner unterstützte (511)

Um 500 hatte der Gotenkönig seine verwitwete Schwester Amalfrida mit dem Wandalenkönig Thrasamund (reg. 496–523) verheiratet, nachdem er über dessen Truppen in Sizilien einen bedeutenden Sieg errungen hatte. Die Amalarin kam mit großem Gefolge und reichen Ländereien ausgestattet nach Karthago, der Hauptstadt der Wandalen. Doch sollte sich diese Heiratspolitik nicht auszahlen, da die Ostgoten keine Unterstützung von ihnen erhielten, vielmehr statteten die Wandalen den westgotischen Thronprätendenten Gesalech mit Mitteln zum Widerstand gegen Theoderich aus. Aus dieser Situation heraus ist der folgende Brief abgefaßt; Thrasamund lenkte daraufhin ein und schickte Gesandte mit Geschenken. Sein Schwager akzeptierte die Entschuldigung, nahm aber die Gaben nicht an, um nicht habgierig zu erscheinen[1]. Dieses Schreiben wirft zugleich Licht auf die Bedeutung politischer Heiraten und die relativ einflußreiche Position, die man ab und an von einer Königin erwartete. Tatsächlich haben ja Zeitgenossinnen, Amalasuintha bei den Goten und Theodora bei den Byzantinern, die Geschicke ihrer Reiche gelenkt. Freilich kann man sie keinesfalls als typisch für das Mittelalter betrachten.

1 Vgl. Diesner, S. 88ff.

König Theoderich an den Wandalenkönig Tra[n]simund (Thrasamund)

1 Wiewohl wir, wie es uns Gott eingab, zur Festigung der Eintracht entweder unsere Nichten hingegeben oder unsere Töchter verheiratet haben, die von verschiedenen Königen erbeten wurden, schätzen wir doch niemandem etwas Ähnliches gewährt zu haben, als daß wir unsere Schwester, die Krönung des Amalergeschlechts, zu Eurer Gemahlin gemacht haben – eine

Frau, die Eurer Klugheit ebenbürtig ist, nicht nur eine Respekt gebietende Zierde für das Königreich, sondern ebenso im Stande, bewundernswerten Rat zu erteilen.

2 Ich bin nun befremdet, daß Ihr, obgleich [mir] durch diese Wohltaten verpflichtet, den Gesalech, der sich unseren Feinden verbunden hat, während er noch von uns begünstigt wurde, dergestalt unter Euren Schutz aufgenommen habt, daß er, der zu Euch ohne Mittel und beraubt der Güter gekommen war, plötzlich reichlich mit Geld versorgt, anscheinend zu anderen Völkern hingesandt wurde. Er kann zwar durch Gottes Hilfe nicht schaden, hat aber Eure Gesinnung und Eure Gedanken offenbar gemacht.

3 Was sollen noch die Rechte Außenstehender erwarten, wenn eine Verschwägerung schon solche ›Verdienste‹ bringt? Denn wenn er aus Mitleid in Euer Reich aufgenommen wurde, hätte er dort bleiben müssen; wenn er unsertwegen vertrieben wurde, hätte er nicht mit Reichtümern in fremde Reiche geschickt werden dürfen. Damit sie Euch nicht gefährlich würden, haben sie die Spannungen zwischen uns offenbar gemacht. Du, von so vielfältiger Lektüre erfüllt, pflegtest andere über die Sitten zu belehren[1] – wo bleibt das [nun]? Hättest Du dies mit unserer Schwester besprechen wollen, hätte Euch das keineswegs passieren können, weil sie weder zugelassen hätte, daß man den Bruder beleidigt hätte, noch, daß man den Gatten in solcher Situation findet!

4 Und daher fordern wir durch unsere Gesandten …[2], wobei wir mit gebührender Ehrerbietung grüßen, daß Ihr diese Ungerechtigkeit erwägt und genau überdenkt, damit nicht die durch die offensichtlichen Gründe erregte Tapferkeit unserer Verwandten daran denkt, etwas zu versuchen, was den Friedenszustand zu unterbrechen scheint. Schwer schmerzt nämlich ein Unrecht, das unerwartet geschieht, und wenn Trug von dort kommt, wo man Hilfe erwartete. Einiges aber haben wir den Überbringern dieses Briefes anvertraut, um es Euch mündlich mitzuteilen, damit Eure Fürsorge alles einschätzt und, was in einem solchen Falle

zu tun notwendig ist, wiedergutmacht. Denn es ist kein Geringes, wenn sich kluge Männer gegen die Friedensvereinbarungen vergehen.

1 Trasimunds Bildung und Liebe zur Dichtung ist mehrfach bezeugt. 2 Namen fehlen.

IV,1 Theoderich dankt dem König der Thüringer Herminafrid für den Brautpreis und würdigt seine Nichte Amalaberga (507/511)

Das Thüringerreich war zu Lebzeiten Theoderichs noch eine politische Macht, mit der man rechnen konnte; der Gotenkönig suchte hier einen Verbündeten gegen die Merowinger. Dazu gab er seine Nichte Amalaberga König Herminafrid zur Gattin. Sie mußte 534, als die Franken die Thüringer unterworfen hatten, nach Ravenna flüchten. Ihre Tochter sollte eine Gattin Audoins werden, des Königs der Langobarden, die ab 568 unter seinem Sohn Alboin die Herren Oberitaliens wurden (bis Karl der Große sie selbst 774 zu seinen Untertanen machte). Der Text beschreibt die bei allen Germanen übliche Kaufehe, an der auch die Herrscherhäuser festhielten.

König Theoderich an den König der Thüringer Herminafrid

1 Im Verlangen, Euch unserer Verwandtschaft anzusippen, vereinen wir [Dich] mit dem geliebten Pfand unserer Nichte; die Gottheit[1] segne es! Damit sollt Ihr, der Ihr aus königlichem Geschlecht abstammt, durch den Glanz des Amalerblutes[2] jetzt noch weiter leuchten! Wir schicken zu Euch die Zierde von Hof und Haus, die Vermehrung des [königlichen] Geschlechts, treuen Rates Trost und allersüßeste Gattenliebe. Möge sie sowohl mit Euch die Herrschaft nach dem Recht innehaben als sie auch die Situation Eurer Nation zum Bessern bringen soll.

2 Das glückliche Thüringen wird besitzen, was Italien heranbildete, eine gelehrte Frau von Bildung, in Sitten erzogen, ein Schmuck nicht nur dem Geschlecht nach, sondern auch hinsichtlich weiblicher Würdigkeit, so daß Eure Heimat nicht weniger durch ihre Sitten erglänzen wird als durch ihre [eigenen] Triumphe[3].

3 Indem wir somit mit gebührender Huld grüßen, tun wir kund, daß wir bei der Ankunft Eurer Gesandten den bestimmten Preis empfangen haben für eine gewiß unschätzbare Sache, aber entsprechend dem Brauch [unserer] Völker: nämlich Pferde gekleidet in die Farbe des Silbers[4], wie zur Hochzeit ziemlich. Brust und Beine schmücken sich mit wohlgeformtem Muskelrund, die Flanken dehnen sich in einiger Breite, der Bauch ist schmal und kurz. Das Haupt gleicht wohl dem eines Hirsches: Ihm eifern sie an Schnelligkeit nach, dem sie im Aussehen ähneln. Sie sind in ihrer Wohlgenährtheit durchaus zahm, recht massig, doch sehr flink, hübsch anzusehen und angenehm im Gebrauch: Sie schreiten nämlich sanft einher und ermüden ihre Reiter nicht mit ungesunden heftigen Bewegungen. Man ruht auf ihnen eher, als daß man sich mit ihnen abmühte, und zu einem angenehmen und moderaten Schritt angehalten, verstehen sie es, in steter Beweglichkeit auszudauern.

4 Aber Ihr wißt, diese noch so edle Schar und die gezähmten Wildtiere oder was Ihr sonst noch an Besonderem geschickt habt – sie sind besiegt, weil die mit Recht alles übertrifft, die den Schmuck der Königsmacht ziert. Auch wir haben freilich [an Euch] geschickt, was fürstlicher Brauch erforderte, aber nichts Größeres konnten wir darbringen, als daß wir Euch mit dem Schmuck einer solchen Frau verbanden. Der Himmel möge Eure Ehe schützen, damit, so wie uns sachliche Geneigtheit verband, unsere Nachkommen auch verwandtschaftliche Gunst verpflichten möge.

1 Herminafrid war vermutlich ebenso Arianer. 2 In mehreren Handschriften steht dagegen »kaiserlichen Blutes«, was freilich eine zu Theoderichs sonstiger Politik kaum passende Anmaßung gewesen wäre. 3 Die Siege der Thüringer auf

dem Schlachtfeld. 4 Gemeint wohl: Mit Silber besetztes Zaumzeug; eventuell: Mit silberfarbenem Fell.

V,1 Theoderich dankt dem Herrscher der Warnen für ausgezeichnete damaszierte Schwerter (523/526)

Die Warnen waren ein Stamm, der in Thüringen siedelte; über seine Ausdehnung, Geschichte und Zusammengehörigkeit mit anderen Ethnien werden ganz verschiedene Ansichten vorgebracht[1]. Von ihnen hatte der Gotenkönig damaszierte Schwerter höchster Qualität erhalten, die sein Brief beschreibt.

1 RGA 33, S. 274ff.

König Theoderich an den König der Warnen

1 Zusammen mit schwarzen Stämmen [der Mooreiche] und einheimischen hellblonden Knaben hat Eure Brüderlichkeit Schwerter für uns ausgewählt, die sogar im Stande sind, Rüstungen zu durchschneiden, noch kostbarer wegen ihres Eisens als wegen des teuren Goldes[1]. So glänzend ist ihre polierte Klarheit, daß sie mit genauer Deutlichkeit die Gesichter derjenigen widerspiegeln, die auf sie schauen. So gleichmäßig verlaufen ihre Schneiden zur Spitze, daß man annehmen möchte, sie seien nicht mit Feilen hergestellt, sondern im Schmelzofen gegossen. Das Mittelstück ihrer Klingen, geschickt ausgehöhlt, erscheint wie mit kleinem Wurmwerk gekräuselt, und hier spielen so mannigfaltige Schatten, daß man fast glauben möchte, das glänzende Metall sei mit vielen Farben verwoben.

2 Dieses Metall wird sorgfältig auf Eurem Schleifstein geschliffen und mit Eurem höchst glänzenden Pulver so kräftig poliert, bis sein stählerner Glanz ein Spiegel für Männer ist. Dieses Pulver[2] wird Euch unter den natürlichen Schätzen Eures Landes gewährt, so dass sein Besitz Euch einzigartigen Ruhm bringt. Solche

Schwerter möchte man in ihrer Schönheit für das Werk Vulkans halten, von dem gesagt wird, daß er mit solcher Geschicklichkeit sein Handwerk veredelt habe, daß alles, was von seinen Händen gestaltet wurde, nicht ein menschliches, sondern ein göttliches Werk zu sein schien.[3]

3 Somit tue ich durch Eure Gesandten[4] kund, daß wir Eure Waffen, die [Euren] Eifer für einen guten Frieden übermittelt haben, gern angenommen haben, und sende meinen ergebenen und freundlichen Gruß. In Anbetracht Eurer Auslagen erstatte ich ein Gegengeschenk – so angenehm seien sie[5] Euch gemacht, wie uns Eure höchst willkommen waren. Es möge der Himmel Eintracht verleihen, auf daß wir das Wollen unserer Völker vereinen, indem wir dies unter uns mit geneigtem Sinn tun und wir uns einander voller Aufmerksamkeit zum gegenseitigen Nutzen verpflichten können.

1 Auf ihren Griffen, Knäufen und Hilzen. 2 Wahrscheinlich Kieselgur, die an der Mündung der Mulde in die Elbe gefunden wird. 3 Bis hier modifiziert nach der Übersetzung bei Roth, S. 118. Hier werden auch die technischen Einzelheiten erklärt. 4 Namen fehlen. 5 Die Ausgaben oder die Waffen (aus denen wahrscheinlich auch die Gegengabe bestand)?

X,1 Königin Amalasuintha benachrichtigt den Kaiser Justinian vom Tode ihres Sohnes und der Mitregentschaft ihres Vetters Theodahad (534)

Als Amalasuintha, die Tochter Theoderichs, ihren Sohn Athalarich verlor, für den sie die vormundschaftliche Regierung führte, sah sie sich genötigt, einen anderen Mann zumindest formell an der Herrschaft zu beteiligen, da die Goten keine Frau auf dem Thron akzeptiert hätten. Sie entschied sich für ihren zwar erbberechtigten, doch wenig vertrauenswürdigen Vetter Theodahad, welchen sie noch kurz zuvor zu seinem höchsten Ärger gezwungen hatte, unrechtmäßig angeeignete Ländereien den Besitzern zurückzuerstatten. Dieser sollte geloben, trotz seines neuen Titels ihr die wichtigen Entscheidungen zu überlassen. In dieser Situation entstand untenstehende Botschaft an den oströmischen Kaiser, ähnliche gingen nach Rom, auch im Namen Theodahads. Amalasuintha hatte damit freilich ihren Mörder zum König gemacht; wie zu erwarten, setzte sie Theodahad alsbald gefangen und überließ sie der tödlichen Rache persönlicher Feinde.

Königin Amalasuintha an Kaiser Justinian

1 Bisher, gnädigster der Fürsten, haben wir es ganz aufgeschoben, über den Untergang unseres Sohnes glorreichen Angedenkens zu berichten, um nicht durch die traurige Botschaft die Seele eines Liebenden zu kränken. Nun aber haben wir uns mit der Hilfe Gottes, der gewohnt ist, triste Geschicke in ersprießliche zu wandeln, wohl entschlossen, Euch davon Kunde zu geben, worüber Ihr mit uns in geteilter Freude frohlocken könnt – es ist nämlich gut, göttliche Geschenke den Liebenden zu erzählen.

2 Wir haben zum Szepter einen Mann berufen, der uns wie ein Bruder nahe verbunden ist, damit er die Königswürde mit uns mit geeinter Kraft [guten] Rates trage, damit auch er im Purpurschmuck seiner Vorfahren leuchte und die Tröstung dieses Weisen unseren Mut aufrichte. Vereinigt [damit] nun Eure Glückwünsche, damit, wie auch wir sehnlich wünschen, daß im Reich Euer Gnaden sich alles zum Guten wende, so auch wir erfahren, daß uns Euer Wohlwollen begünstigt. Nach dieser Botschaft, die Euch gemäß Eurer unermeßlichen Güte willkommen ist, wie wir denken, schicken wir noch eine höchst willkommene Legation, auf daß Ihr den Frieden auch hinsichtlich der Meinen verlängert, zu dem Ihr immer geneigt seid und den Ihr, wie erinnerlich, mir insbesondere schon gewährt habt. Denn mag es auch sein, daß Einmütigkeit unter Fürsten immer ziemt, so adelt mich doch die mit Euch höchlich, alldieweil jener erhabener hervorragen darf, der der Eintracht mit Eurer Glorie verbunden ist.

3 Aber da angesichts der Kürze des Briefes nicht alles hinreichend dargelegt werden kann, haben wir unseren Boten einiges Euch mündlich Mitzuteilende anvertraut, indem wir mit schuldiger Reverenz grüßen. Empfangt es nach der Gewohnheit Eurer Liebden bereitwillig, damit von allen klar erkannt werden kann, was wir zu Recht über Eure Güte uns gegenüber verheißungsvoll sprechen, geziemt es sich doch, das von Euch ohne Zweifeln zu erwarten. Schließlich tun auch wir gemäß Eurem Verlangen hinsichtlich dem [uns] Übertragenen das, von dem wir wissen, Ihr habt es gewünscht.

X,10 Königin Amasuintha richtet eine höfliche Adresse an Kaiserin Theodora (534)

Die der klassischen Kultur mehr als ihren Goten geneigte Amalasuintha dachte daran, die Herrschaft über Italien Justinian zu überlassen und sich im Osten angemessen luxuriös zur Ruhe zu setzen, weswegen sie mit dem Kaiser in entsprechendem Sinn verhandelte. Auch mit seiner einflußreichen Gattin, der berühmt-berüchtigten Theodora, versuchte sie in Kontakt zu kommen, wie dieses Schreiben zeigt. Ebendiese, so berichtet der ihr freilich feindlich gesonnene byzantinische Geschichtsschreiber Prokop von Caesarea (*Anektdota* 16), habe dann dafür gesorgt, daß die Königin 535 mit Hilfe ihres Mitherrschers Theodat gefangen und im Bade ermordet wurde.

Königin Amalasuintha an Kaiserin Theodora

Da es unser Vorsatz ist, das zu suchen, was offenkundig zum Ruhm eines frommen Fürsten gehört, geziemt es sich, durch das Wort Euch[1] zu verehren, von denen feststeht, daß sie stets an allem Guten zunehmen. Eintracht existiert nicht nur zwischen Anwesenden, vielmehr respektieren jene einander besser, die sich in geistiger Liebe verbinden. Und indem ich so der Kaiserin den Gruß liebevoller Verehrung zolle, hoffe ich, daß bei Rückkehr unserer Gesandten, die wir zum mildesten und ruhmreichsten Fürsten [Justinian] aborderten, Ihr uns an Eurem Wohlergehen Freude haben laßt, denn Eure Prosperität scheint uns so lieb zu sein wie die eigene. Und nötig ist es, Wohlergehen so sehnsuchtsvoll zu empfangen, wie es feststeht, daß wir es gemeinsam erhoffen.

1 Das Kaiserpaar, oder nur Pluralis maiestatis?

X,31 Witigis verkündet seine Königserhebung (536)

In bedrängter Lage, als sich die byzantinischen Truppen unter Belisar bereits Neapels bemächtigt hatten, setzten die gotischen Krieger ihren König Theodahad wegen seines politischen Schwankens und seiner militärischen Tatenlosigkeit ab; anscheinend wollte er sein Volk im Stich lassen, um sich persönlich in ein Leben in Ruhe und Reichtum zurückzuziehen. Sie kürten den Feldherrn Witigis zum neuen König, obgleich er wohl nicht einmal weitläufig mit den Amalern verwandt war, indem sie ihn nach traditionellem Brauch auf einen Schild hoben[1]. Witigis ließ seinen Vorgänger ermorden und zog sich dann nach Ravenna zurück; indem er seine Gattin verstieß und die Tochter Amalasuinthas zur Ehe zwang, konnte er sich als Mitglied der bisherigen Herrscherdynastie gerieren. Nach einer unglücklichen Regierungszeit, während derer den Goten fast ganz Italien verloren ging, wurde er von Belisar 540 gefangen genommen und so zu Kaiser Justinian gebracht. Sein Ende ist unbekannt.

1 Vgl. Claude, S. 149–186.

König Witigis an alle Goten

1 Wie sehr auch jeder Fortschritt auf die Gaben der Gottheit zurückzuführen ist und nichts Gutes besteht außer dem, was als von ihm selbst [Gott] dargebracht erkannt wird, muß dennoch die Angelegenheit der königlichen Würde ganz besonders den himmlischen Urteilssprüchen unterbreitet sein, da es ja er selbst angeordnet und erlaubt hat, wem seine Völker gehorchen. Indem wir unserem Schöpfer in demütigster Befriedigung Dank wissen, wollen wir kundtun, daß unsere gotischen Verwandten unter Schwertgeklirr im Felde nach Art der Vorväter durch Schilderhebung uns mit Zustimmung des Herrn die Königswürde übertragen haben, auf daß die Waffen die Ehre [dem] schenkten, dessen Ruhm die Kriege zeugten.

2 Wißt, daß ich nämlich nicht in engen Gemächern, sondern in der offenen Weite der Felder erwählt wurde: Nicht unter vorsichtigem Schmeichlergeschwätz, sondern unter dem Schall der Kriegstrompeten hat man mich ausgesucht, daß das Volk der Geten[1] von solchem Schall zum Wunsch nach seiner angestammten Kraft getrieben für sich einen kriegerischen König fände. Wie lange hätten denn tapfere Männer, in der Hitze des Krieges aufgewachsen, einen unerprobten Fürsten [noch] ertragen können, um an seinem [schlechten] Ruf zu leiden, obschon der eigenen Kraft vertrauend? Notwendigerweise verbreitet sich doch eben jene Meinung von allen, [die der über denjenigen entspricht,] den ein Stamm als Häuptling zu haben verdient hat.

3 Denn wie Ihr vernehmen konntet, war ich gekommen, von der Gefährdung der Verwandten herbeigerufen, das gemeinsame Geschick mit allen auf mich zu nehmen; doch jene wollten es nicht leiden, daß ich Heerführer sei, sie suchten offenbar einen Heerkönig. Deshalb seid zuvörderst der göttlichen Gnade geneigt, dann dem Urteil der Goten, denn Ihr alle macht mich zum König, die Ihr einstimmig Euer Votum abgebt! Legt nun die Furcht vor Verlusten ab und laßt Vermutungen über Nachteile: Unter uns gibt es nichts Schlimmes zu befürchten.

4 Wir haben wohl gelernt, tapfere Männer zu lieben, die wir so oft im Krieg waren. Ebenso stehe ich für jeden Eurer Männer als Zeuge bereit: Es bedarf dessen schließlich nicht, daß mir Eure Taten von einem anderen erzählt werden, habe ich doch mit Euch zusammen alle Mühen kennengelernt. Die Waffen der Goten sind durch kein Schwanken meiner Versprechen zu brechen[2]; was wir tun, wird alles zum Nutzen des Volkes sein! Persönlich werde ich nicht egoistisch sein, sondern verspreche, dem zu folgen, was den Namen eines Königs ziert.

5 Schließlich versprechen wir, unsere Herrschaft wird so sein, wie es sich für die Goten nach dem berühmten Theoderich gebührt – ein Mann, einzigartig und wohl geschaffen für die Obliegenheiten des Reichs, daß zu Recht ein jeder Fürst insoweit als vortrefflich betrachtet wird, wie er bekanntlich dessen Entscheidungen schätzt. Daher soll als sein Nachkomme gelten, der es vermögen wird, seinen Taten gleichzukommen. Und so seid vorsorglich zum Nutzen unseres Reichs, doch seid sorglos, was die inneren Verhältnisse angeht: Gott hilft!

1 »Gothi« und »Geti« werden synonym verwendet. 2 Anspielung auf das Verhalten seines Vorgängers.

Kultur

Das Leben der Eliten in Italien muß man sich auch unter den gotischen Herrschern ganz in den Traditionen des Imperium Christianum vorstellen. Wie Cassiodors Werke zeigen, aber auch die seines Zeitgenossen Ennodius und anderer, konnte man damals sehr wohl Christ sein und gleichzeitig die kulturellen Errungenschaften der heidnischen Vorfahren schätzen.

Was nicht so sehr aus dem Inhalt der *Variae* erhellt, aber in der Sprache ihres Verfassers schon anklingt, sind Barbarisierung und Vulgarisierung. Diese Tendenzen kennzeichnen alle kulturellen Bereiche der endenden Antike und des frühen Mittelalters: Barbarisierung, der Einbezug gentiler Worte und Ausdrucksweisen ins Lateinische, wie etwa der Bezeichnung für die Beauftragten des Gotenkönigs, »saiones«, und Vulgarisierung, die Tendenz, mehr und mehr vom Maßstab des klassischen Lateins abzuweichen und sich volkstümliche Sprechweisen zu erlauben. Cassiodor strebte allerdings genau das Gegenteil an, deshalb auch so oft eine Überkompliziertheit des Ausdrucks, bringt aber doch schon Konstruktionen, die klassisch unmöglich gewesen wären.

Das vielfach noch bestehende allgemeine Schulwesen und auch Gelegenheiten zur höheren Bildung in Rom, Ravenna und Pavia ermöglichten Römern, die in Rhetorik, im Recht, in der Medizin ausgebildet waren, eine Karriere auch in dieser Zeit, teilweise sogar am Hofe Theoderichs und seiner Nachfolger. Freilich alles ohne wissenschaftliche Innovationen und mit beständigen Verlusten an Bildungs- und Kulturgut. Theoderich und Cassiodor bemühten sich intensiv, dem entgegenzuwirken, wie z. B. aus den Verboten ersichtlich ist, den antiken Statuenbestand Roms zu dezimieren und Bau- oder Kunstwerke zu beschädigen. Einiges entstand auch neu, freilich ganz in den antiken Traditionen von Römern und Griechen und ohne Beteiligung von Goten, wie, wohl am bekanntesten, der achteckige Zentralbau von S. Vitale in Ravenna (526 ff.). Wesentlich mehr aber ging es um das Bewahren des Alten, sei es der Monumente oder der Abwasserkanäle, oder um das Funktionieren der Reichspost. Auch Errungenschaften der antiken Medizin, wie die Balneologie, lebten fort; auch Himmelserscheinungen, die im Mittelalter zu apokalyptischen Spekulationen angeregt hätten, wurden rein naturkundlich beschrieben. Freilich existierten auch noch jene allgemeinen Belustigungen, die die Römer als Teil ihrer Zivilisation betrachteten, obschon sie in einer christlichen Gesellschaft eigentlich nicht bestehen konnten – grausame Kämpfe zwischen Mensch und Tier, ebenso nach dem Urteil der Zeit der Sittlichkeit abträgliche Possenspiele (»mimi«).

Gewiß sind die vielen kulturgeschichtlichen Informationen, die der Verfasser in seine Staatsbriefe einarbeitet, obwohl sie eigentlich dort nicht hingehören, ein Beweis für das Empfinden der Notwendigkeit, dergleichen vor dem Vergessen zu bewahren. Daher auch sein exzessives Lob des Papyrus als verschriftlichtes Gedächtnis. In seinen *Institutiones*, die er im Kloster für seine Mönche zusammenstellen sollte, hat er dann quasi die Konsequenz gezogen und ein Handbuch des Basiswissens erarbeitet, von dem er geahnt haben mochte, daß es eine pièce de résistance im fortschreitenden Kulturverfall sein würde, den er nicht übersehen konnte.

VII,15 Theoderich schützt die antiken Skulpturen Roms, womit der leitende Architekt der Stadt beauftragt wird (o. J.)

Die antiken Götterstatuen Roms waren auch für gebildete Christen wie den Katholiken Cassiodor und den Arianer Theoderich ob ihrer Kunst erhaltenswert; in ihrer Zeit litten sie nicht, wie im weiteren Mittelalter, unter Zerstörung aus religiösen Gründen, sondern weil viele nur mehr ihr Materialwert interessierte. Daran konnten weder eine eigene Behörde noch eigens eingesetzte Wachen etwas ändern.

Während die Tendenz der damaligen Kunst ganz ins Zweidimensionale ging und Skulpturen fast nicht mehr neu entstanden, rühmt man in diesem Brief ausdrücklich die lebensähnliche Gestaltung der griechischen und römischen Kunstwerke, von denen die Hauptstadt voll war. Die Spannung zwischen der klassischen Tradition, die für Naturnachahmung, für das Irdische, steht, und der christlichen Umorientierung, die auch in der Kunst die Transzendenz sichtbar machen möchte und daher das Irdische gar nicht mehr nachahmen will, war freilich schon längst zugunsten letzterer gelöst.

Es darf hier der Geschichtsschreiber der Stadt Rom im Mittelalter, Gregorovius, zitiert werden: »Theoderich hatte das wehrlose Volk von Erz und Marmor in seinen besonderen Schutz genommen, und er erstreckte diesen auf alle Provinzen außer Rom. Das beweist sein Edikt wegen des Raubes einer bronzenen Statue in Como, worin er einen Preis von hundert Goldstücken auf ihre Wiederauffindung und die Entdeckung des Täters setzte. Aber die Barbarei der Römer war schon so groß geworden, daß die Edikte des Gotenkönigs ihre Habgier nicht mehr zügeln konnten. Er klagte wiederholt über den Schimpf, welchen sie ihren Vorfahren antaten, indem sie die schönen Werke schmählich verstümmelten; denn die habgierigen Römer fuhren fort, ehernen Statuen, wenn sie dieselben nicht ganz entführen konnten, wenigstens die Glieder abzuschlagen und aus dem Gefüge der Marmor- und Travertinquader an Theatern und Thermen die metallenen Klammern abzureißen. Die späten Enkel dieser Räuber betrachteten am Ende des Mittelalters mit Verwunderung die dadurch entstandenen Löcher in den Mauern der Ruinen und setzten sie in dreister Unwissenheit auf Rechnung derselben Goten, welche die Zierden ihrer Stadt mit Liebe gepflegt hatten.«[1] Bleibt noch hinzuzufügen, daß man in der Renaissance dieselben Goten mit der Kunst des 12. bis 15. Jahrhunderts in Verbindung brachte, weswegen der Begriff Gotik, heute so hoch gerühmt, ursprünglich eine barbarische Kunst meinte.

1 Gregorovius, S. 137.

Formel für den Stadtpräfekten zur Einsetzung eines Architekten in der Stadt Rom

1 Es geziemt sich, daß die Schönheit der Bauwerke Roms einen erfahrenen Beschützer habe, daß jener wunderbare Wald an Mauern mit bedachtsamer Sorgfalt erhalten und die moderne Fassade eines Werkes mit kunstvoller Disposition errichtet werde. In diesem Bemühen kennt unsere Freigebigkeit nämlich keine Grenzen, damit wir sowohl das von den Alten Geschaffene vom Verfall behüten und erneuern als auch das Neue mit dem Glanz der guten alten Zeit bekleiden.

2 Daher möge Deine erhabene Hoheit wissen, daß von jener Steuerperiode an den römischen Zitadellen [als Zuständiger] jener Architekt gegeben wurde. Und da es feststeht, daß die Bemühung um die Kunst durch gerechten Lohn genährt wird, wollen wir, daß ihm zusteht, was immer seine Amtsvorgänger vernünftigerweise erhalten haben. Er wird nun Besseres sehen, als wovon er las, Schöneres, als er denken konnte: jene Statuen, die freilich noch die Signaturen ihrer Schöpfer tragen. So möge, solange die gute Erinnerung an lobenswerte Persönlichkeiten lebt, ebenso lange das Bild des Körpers die Ähnlichkeit mit dem lebenden Wesen bewahren. Er wird die in Erz gegossenen Adern betrachten, die in ihrer Anstrengung schwellenden Muskeln, die

Nerven angespannt wie zum Schritt, und also den Menschen, gegossen in seine verschiedenen Porträts, daß man meint, er sei geradezu natürlich entstanden.

3 Diese Statuen haben, wie es heißt, in Italien zuerst die Etrusker erfunden; die Nachwelt hat sie aufgenommen und der Stadt eine Bevölkerung gegeben, die fast jener gleicht, die die Natur hervorbrachte. Er wird bewundern, wie den Figuren der Pferde geradezu die Zeichen ihres Feuers innewohnen, denn mit ihren geblähten und gerundeten Nüstern, gestrafften Gliedern, zurückgelegten Ohren wird er vielleicht glauben, sie stürzen sich ins Rennen, obwohl er weiß, Metall ist unbeweglich. Was sollen wir von den Säulen sagen, schlank wie Binsen? Jene höchst eleganten architektonischen Strukturen werden wie durch aufgerichtete Lanzen gefaßt, und es sind aus ihnen konkave Rinnen von solcher Regelmäßigkeit ausgehauen, daß man sie eher für gegossen halten möchte und meinen könnte, es sei aus Wachs gemacht, was man mit den härtesten Metallen ausgefeilt sieht; man möchte sagen, die Adern des Marmors seien gewachsene Venen. Wo die Augen getäuscht werden, erweist sich, daß das Lob ob solcher Wunderwerke größer ist.

4 Die über die Bauten des Altertums erzählen, berichten, daß nur sieben Ländern Wunderwerke zugeschrieben sind[1]: der Tempel der Diana zu Ephesos, das wunderschöne Grabmal des Königs Mausolus, nach dem die Mausoleen benannt sind, das eherne Zeichen der Sonne in Rhodos, das der Koloss genannt wird, die Statue des olympischen Zeus, welche Phidias als erster der Künstler in höchster Vollkommenheit aus Elfenbein und Gold formte, der Palast des Mederkönigs Kyros, welchen Memnon mit verschwenderischer Kunst aus der Verbindung von Gold und Steinen erschuf; die Mauern von Babylon, die die Königin Semiramis aus mit Schwefel und Eisen gebrannten Ziegeln herstellen ließ, die Pyramiden in Ägypten, von denen man den Schatten außerhalb der Baufläche nirgendwo erblickt, da er sich, wo sie stehen, selbst verzehrt.

5 Wer aber wird dieses weiter für höchstrangig halten, wenn er in einer Stadt so viel Staunenswertes erblickt? Sie [die Werke der Vorzeit] hatten ihre Ehre, denn zeitlich kamen sie früher, und was immer in einer unzivilisierten Ära an Neuem auftauchte, wurde von den Leuten im Gespräch zu Recht als etwas Außerordentliches verbreitet. Nun aber trifft es in der Tat zu, wenn man sagt, ganz Rom sei ein Wunder. Daher geziemt es sich, daß sich ein sehr erfahrener Mann um dies kümmert, damit er nicht unter diesen fast zu ingeniösen [Werken] der Alten selbst wie [jemand] aus Metall erscheine und nicht verstehen kann, was dort das kunstbegabte Altertum hervorbrachte, damit diese [Werke] geschätzt würden. Und daher soll er die Bücher eingehend studieren, die Anweisungen der Alten in sich aufnehmen, daß er nicht von ihnen irgendetwas weniger wisse, in deren Position er bekanntlich nachfolgt.

1 Der Kanon der sieben Weltwunder gehörte zum antiken Bildungsstoff.

I,6 Theoderich fordert Marmorkünstler für die Herkulesbasilika in Ravenna an (507/509)

In Rom und in Ravenna war der König besonders bemüht, die klassischen Kunsttraditionen fortzusetzen und Verfallenes zu restaurieren. Hier geht es um einen Großbau der Residenzstadt Ravenna, von dem heute keine Reste mehr erhalten sind. Dem Namen nach würde man die Basilica Herculis als Werk der vorchristlichen Zeit einstufen; da es aber keine Erwähnungen vor Theoderich gibt, vermutet man, der Bau der sonst unbekannten Königshalle, die als prächtig geschmücktes Gebäude neben dem Palast gestanden haben dürfte, sei erst unter diesem Herrscher zur Aufwertung seines Regierungszentrums in Angriff genommen worden[1]. Ob sie den Namen von einem zuvor an dieser Stelle befindlichen Tempel des Halbgottes erhalten hat? Oder handelte es sich nicht vielmehr um die Neudekoration eines älteren Bauwerks?[2]

1 Freundliche Mitteilung von Dr. Werner Heinz. 2 Barnish/Marazzi, S. 267f.

König Theoderich an den illustren Stadtpräfekten Agapitus

1 Es geziemt dem Fürsten, dafür Sorge zu tragen, das zu zieren, was den Staat anbelangt, und wahrhaft würdig ist es eines Königs, die Paläste mit Bauwerken zu schmücken. Fern sei es nämlich, daß wir in der Ausstattung den Alten nachgeben, die wir doch hinter der Güte [vergangener] Generationen keineswegs zurückstehen.

2 Daher haben wir in der Stadt Ravenna mit dem weitläufigen Werk an der Basilika des Herkules begonnen, zu deren Ruhm das Altertum angemessen beitrug[1]. Was immer es in der Halle an Lob und Staunen Erregendem gegründet, wir übertragen es mit höchstem Eifer[2] Deiner Magnifizienz, damit Ihr uns gemäß dem unten beigefügten Schreiben besonders erfahrene Marmorkünstler[3] aus der Stadt schickt, die das Getrennte exzellent zusammenfügen, damit das Unverbundene im Zusammenspiel der Adern ein natürliches Aussehen löblich vortäusche. Es komme aus der Kunst, was die Natur besiege: Verschiedenfarbige Marmorreliefs sollen in der angenehmsten Buntheit von Bildern verwoben werden. Weil stets dies geschätzt wird, was zum Schmuck auserlesen wird, wirst Du hierzu die Kosten und Transportmittel bereitstellen, damit nicht jemanden der Unseren ein Befehl beschwere, von dem wir wollen, daß er zum Nutzen jedes einzelnen diene.

1 Falls es sich wirklich um einen Neubau handelte, wird sich dies auf die Verwendung von Spolien beziehen. 2 »studiosissime« könnte auch Vokativ sein: Du höchst Emsiger … 3 »marmorarios«: Hodgkin, Letters, S. 147 meint dagegen, daß von Mosaizisten die Rede sei, wofür ich keine lexikographische Evidenz finde. Auch Barnish (in: Barnish/Marazzi, S. 267f.) geht von Marmorkünstlern aus.

III,30 Theoderich ordnet die Restaurierung der römischen Kloaken an (510/511)

Das Abwassersystem Roms galt bereits in der frühen Kaiserzeit als Wunder der Stadt, in dem vor allem Schmutz aus Thermen und Latrinen in den Tiber geleitet wurde.

König Theoderich an den erlauchten Stadtpräfekten Argolicus

1 Wachsame Sorge um die Stadt Rom obliegt stets unserer Aufmerksamkeit. Was gibt es denn Würdigeres, womit wir uns befassen sollten, als ihre Wiederherstellung zu veranlassen, von der feststeht, daß sie die Zierde unseres Staates ist? So möge Deine Erhabenheit wissen, daß wir den erlauchten Johannes wegen der vortrefflichen Abwasserkanäle der Stadt Rom ausgesandt haben, welche die Betrachter so sehr in Staunen versetzen, daß sie die Wunder anderer Städte zu übertreffen vermögen.

2 Man schaue, wie dort Flüsse, quasi von hohlen Bergen eingeschlossen, durch ungeheure Mörtelkonstruktionen[1] herabströmen, man schaue, wie sie mit schmalen [?] Schiffen[2] über die reißenden Wasser fahren: mit höchster Vorsicht, damit es nicht im reißenden Strudel zu einem Schiffbruch kommt wie auf dem Meer. Daraus, oh Rom, kann erschlossen werden, von welch einzigartiger Größe Du bist! Welche der Städte möchte es schon wagen, mit Deinen Höhepunkten zu wetteifern, wenn nicht einmal Deine Tiefen irgendetwas [ihnen] Ähnliches finden können? Und daher ordnen wir an, Ihr sollt dem oben genannten Johannes die Unterstützung Eures Amtes angedeihen lassen, denn wir wollen, daß unsere Weisungen Staatsdiener erfüllen; die Hände von Privatpersonen sind ausgeschlossen, die sich zu frech in Unerlaubtes mischen.

1 Die unterirdischen Kloaken. 2 Ich übersetzte die Lesart »strictis navibus«; Mommsen: »structis navibus«.

V,42 Theoderich sorgt für die Bezahlung der bei den Tierhetzen im Colosseum Auftretenden, deren Treiben Cassiodor näher beschreibt (523)

Nach dem Verbot der Gladiatorenkämpfe durch Kaiser Honorius (reg. 395–423) belustigten sich die christlichen Römer weiterhin an den traditionellen Tierhetzen. Um Jagden im eigentlichen Sinne handelt es sich bei den hier geschilderten Veranstaltungen kaum mehr, obwohl man von »venationes« sprach; es ging vor allem um lebensgefährliche Geschicklichkeitsproben unter Verwendung verschiedener Waffen und Apparaturen[1], deren Protagonisten teils Freiwillige, teils von ihren Herren gezwungene Sklaven waren. Der Gotenkönig und sein Minister verabscheuten diese blutigen Veranstaltungen, die sie auf heidnische Kulte zurückführten. Sie sollten freilich erst nach ihrer Zeit unüblich werden, aber im Mittelalter und bis zur Gegenwart im Stierkampf ihren Nachfolger haben.

1 Auf die einzelnen Apparaturen näher einzugehen, würde hier zu weit führen, vgl. Jiménez Sánchez.

König Theoderich an den erlauchten Konsul Maximus

1 Wenn jene die Großzügigkeit der Konsuln hervorrufen, die mit eingeöltem Körper beweglich ringen, wenn den zur Orgel Singenden ihre Mühen mit Geld vergolten werden, wenn angenehmer Gesang bezahlt wird – welches Geschenk sollte dem ›Jäger‹ zuteilwerden, der sich zum Vergnügen der Zuschauer mit seiner Todesgefahr abquält? Lust bereitet er mit seinem Blut, und in unseliges Schicksal verstrickt, beeilt er sich, dem Volk zu gefallen, das nicht auf sein Entkommen hofft. Abscheuliches Geschehen, glückloser Streit, mit wilden Tieren kämpfen zu wollen, von denen er nicht zweifelt, daß er sie als die Stärkeren antrifft! Nur im Täuschen liegt also seine Kühnheit, einzig in der Überlistung seine Chance.

2 Wem es nicht gelingt, dem Tier zu entfliehen, der kann bisweilen nicht einmal ein Grab finden[1]: Während der Mann noch lebt, geht sein Körper zugrunde, und ehe er zum Leichnam wird, wird er brutal verschlungen. Gefangen dient er seinem Feind zur Nahrung und sättigt – welcher Schmerz! – ihn, den töten zu können er sich verzehrt. Ein Spektakel, nur durch das Bauwerk[2] schön, aber durch den Vorgang höchst schrecklich! Zur Ehre der skythischen Diana ward es erfunden, die sich am Blutvergießen erfreute.

3 Oh schlimmer Trug, oh Täuschung, gewünscht zu haben, die zu verehren, die durch den Tod von Menschen versöhnt wird! Zuerst erfand sich das Verlangen und die Hingabe der Landleute an die Jagd in Hainen und Wäldern diese dreifaltige Göttin mit falscher Vorstellung; sie behaupteten fest, sie sei am Himmel die Luna, sie die Herrin in den Wäldern, und sie in der Unterwelt Proserpina. Aber nur für die Herrscherin der Hölle hielten sie sie vielleicht nicht unbillig, wenn sie, von solchem Irrglauben getäuscht, mit ihrem Aberglauben noch lebend ins Tiefdunkle eintauchten!

4 Dieses grausame Spiel, blutige Lust und unfromme Religion, menschliche Bestialität sozusagen, haben zuerst die Athener zum Kult ihrer Stadt hinzugefügt[3], wobei dies die göttliche Gerechtigkeit gestattete, damit zur Verachtung des Spektakels hinführe, was der Umtrieb falscher Religion erfunden.

5 Dieses Bauwerk wollte die Fürstenmacht des Titus[4] mit einem reichen Strom an Geld entstehen lassen, wovon er der Städte Haupt ... könne[5]. Und da auf Griechisch Theater genannt wird, was halbkreisförmig ist, steht fest, daß das Amphitheater richtig so genannt wurde: Zwei Schauplätze sozusagen zu einer Einheit verbunden. Wie ein Ei aussehend umschließt es seine Arena, damit sowohl den Rennfahrern entsprechender Raum geboten wird, als auch die Zuschauer alles leichter sehen, indem eine weitläufige Rundung das Gesamte umfaßt.

6 Man geht also zu etwas, was Humanität fliehen sollte! Auf brüchiges Holz[6] vertrauend läuft der erste den wilden Tieren in den Rachen und scheint auf das, wovon er entkommen

möchte, in heftigem Ansturm hinzustreben. Sie stürzen in gleichem Lauf aufeinander zu, der Beutemacher und die Beute; er vermag nicht anders in Sicherheit zu kommen, als indem er auf den zuläuft, dem er entkommen möchte. Dann werden die gekrümmten Glieder wie leichte Kleidungsstücke in hohem Sprung des Körpers in die Luft geworfen, der Leib wie ein Bogen über das Tier geschwungen, und während er noch nicht zu fallen scheint, geht des Tieres schneller Lauf darunter hinweg.

7 So geschieht es, daß jener viel milder erscheinen mag, dessen Tüchtigkeit, zum Spielball zu werden, man anerkennt. Ein anderer versucht es mit einer vierflügeligen, leicht zu drehenden Apparatur[7] und flieht nicht durch Zurückweichen, weicht nicht durch weiteren Abstand zurück: Er folgt dem Verfolger, rückt ihm auf Knien ganz nahe auf den Pelz, um das Bärenmaul zu meiden. Jener reizt, am Bauch an einer dünnen Stange aufgehängt, das todbringende Tier, und wenn er nicht [sein Leben] aufs Spiel setzt, bekommt er nichts, wovon er leben könnte.

8 Ein weiterer umschließt sich mit einer tragbaren Mauer aus Rohr gegen das wildeste Tier, wie ein Igel eingerollt: Der flieht plötzlich, sich auf seinen Rücken verlassend, verbirgt sich fest zusammengepreßt, und da er nirgendwohin enteilt, ist sein kleiner Körper nicht zu sehen. Denn so wie sich jener, wenn ein Feind naht, zu einer Kugel zusammengerollt mit natürlichen Stacheln verteidigt, wird dieser, umgürtet von dem zusammengenähten Netz, durch die schwachen Rohre wehrhafter.

9 Andere wagen es, die für sie vorbereitete Wut mit drei arrangierten Pförtchen (wie ich sagen möchte) zu provozieren, indem sie sich auf offener Arena hinter Gittertüren verbergen, bald das Gesicht und bald den Rücken zeigend, daß es erstaunt, wenn sie entkommen, die man so durch die Klauen und Zähne der Löwen voltigieren sieht.

10 Noch einer wird den Bestien auf schwankendem Rad serviert; von eben dem wird ein anderer zur Rettung aus den Gefahren

enthoben. So wiegt diese Maschine, die nach der Art der ungetreuen Welt gestaltet ist[8], die einen in Sicherheit, zerreißt die anderen vor Angst, allen freilich lächelt sie abwechselnd zu, um betrügen zu können.

11 Man könnte sich lange über so viele Arten von Gefahren redend verbreiten. Aber passend ist hinzuzufügen, was der Mantuaner über die Unterwelt sagt: »Wer könnte die Gestalten der Verbrechen erfassen, wer all die Namen der Strafen durcheilen?«[9] Aber Ihr[10], denen es notwendig ist[11], solches den Leuten darzubieten, vergebt mit freizügiger Hand die Belohnungen, damit Ihr dies für die Armen zu etwas Erwünschtem macht! Anders ist es grausamer Zwang, die üblichen Gaben zu streichen und [zugleich] abscheuliche Todesarten zu befehlen.

12 Und daher gesteht dem Bittenden ohne Verzug das zu, was immer auch durch die Freizügigkeit des Altertums zu langer Gewohnheit wurde, denn es ist eine Schuld wie beim Mord, jenen gegenüber knausrig zu sein, die Eure Veranstaltung zum Tode einlud. Weh über die beklagenswerte Verfehlung der Welt! Wenn auf Gerechtigkeit irgend geachtet würde, müßten so große Reichtümer für das *Leben* Sterblicher gegeben werden, wie sie sichtlich zum *Sterben* der Menschen verschleudert werden.

1 Nach heidnischer Vorstellung konnte die Seele keine Ruhe finden, ehe der Körper bestattet war, Christen glaubten an Schwierigkeiten bei der Auferstehung der Leiber im Jüngsten Gericht und beklagten das Fehlen eines Grabes, das die Nachwelt an Fürbitten für ihre Seele erinnern sollte. 2 Das Colosseum. 3 Das trifft nicht zu, diese Veranstaltungen waren eine römische Erfindung. 4 Das Colosseum wurde von Kaiser Titus (reg. 79–81) vollendet. 5 Hier fehlt im Text anscheinend ein Verb im Infinitiv. 6 Das Gerät zum Stabhochsprung. 7 Um eine Art Versteckspiel zu betreiben. Das Gerät hieß »cochlea«, Schraube. 8 Analog zur Darstellung der Fortuna, die auf einer Kugel balanciert. 9 Vergil, *Aenesis* 6, 625f. 10 »Sed vobis« steht entweder irrtümlich für »vos« oder es ist zu ergänzen »dico«. 11 Von Amts und Herkommen wegen.

I,29 Theoderich sorgt für die Verpflegung von Postpferden (507/511)

Die staatliche Post Roms, die mit Pferdestafetten funktionierte, diente ganz primär der obrigkeitlichen, besonders der militärischen Kommunikation. Zu Stellung und Unterhalt der Pferde und sonstigen Einrichtungen waren die Anwohner der Poststraßen verpflichtet.

König Theoderich an alle Lukristaner[1], die am Isonzo wohnen

1 Es besteht kein Zweifel, daß es zum Nutzen des Staates beiträgt, auf die öffentliche Post Acht zu haben, durch die unsere Anweisungen sehr schnell zur Wirkung kommen. Und daher ist als einer nützlichen Sache darauf mehr Aufmerksamkeit zu richten, daß [die Pferde], die für dauernden Einsatz vorgesehen sind, nicht unter schändlicher Unterernährung leiden, damit sie nicht ob ihrer Magerkeit geschwächt den Mühen erliegen und das Verkehrsmittel sich zu verlangsamen beginnt, das doch, wie feststeht, der Schnelligkeit wegen erfunden wurde.

2 Daher möge Euer Gehorsam, ermahnt durch vorliegenden Befehl, die Landgebiete, die den Pferden zuvor offen standen, vom Besitzer zurückverlangen und für den Postwechsel zurückgeben, [und zwar] so, daß dem Besitzer durch den geringen Raum kein Schaden entstehe und jenen das Zurückgeholte ausreiche.

1 Nicht identifiziert.

XI,38 Cassiodor ordnet die Besorgung von Papyrus für die amtlichen Dokumente an, schildert seine Herkunft und preist ausführlich dieses kulturbewahrende Medium (534/535)

Der alltägliche Schriftverkehr der Antike spielte sich vor allem auf Wachstafeln oder Papyrusblättern ab; die Rollen wurden als Träger der Literatur erst seit der Zeitenwende vom Kodex, dem auch heute üblichen Buch, abgelöst. Für dieses wurden seit dem 4. Jahrhundert mehr und mehr Tierhäute gebraucht, das Pergament. Doch blieben Papyrus-Rollen weiter und namentlich in der Verwaltung üblich. Es sind aus der Spätantike manche Beispiele erhalten geblieben, wie sie speziell im Nahen Osten zu finden sind. In Übereinstimmung mit dem Anlaß seines Schreibens rühmt der Verfasser hier den Papyrus besonders als unverzichtbares Medium der »unsterblichen« Bürokratie und kritisiert den Usus der Behörden, Gebühren für die ausgestellten Dokumente zu verlangen (wie es damals im Ostreich üblich war).

Der Prätorianerpräfekt Senator an Johannes, Normalsteuereinnehmer von Tuszien

1 Die gute alte Zeit, die alle Dinge sorgfältig ordnete, hat bedacht, daß, da ja von unseren Geschäftsstellen für sehr viele vorzusorgen war, die vorbereitete Menge der Dokumente nicht fehlen solle, damit es bei den Freude bringenden Privilegien keine Verzögerungen gebe, wenn die Richter für viele künftig Nützliches entscheiden würden. Dieses Geschenk wurde den Bittenden gemacht, daß sie nicht gierig zu einer Zahlung für Dinge verpflichtet würden, von denen feststand, daß ihrer von der staatlichen Großzügigkeit Rechnung getragen werde. Ein besonders schamloser Anlaß für Erpressungen wurde [somit] liquidiert; besonders die hat die Humanität des Fürsten von Schäden befreit, derentwegen sie bezahlt hat.

2 Das ingeniöse Memphis entwarf allerdings ein schönes Werk, damit das alle Geschäftsstellen bekleide, was die elegante Arbeit

eines einzigen Ortes gewoben hatte. Es erhebt am Nil sich ein Wald ohne Zweige[1], ein Hain ohne Laub, ein Wasserfeld, ein schönes Sumpfhaar, weicher als Gebüsch, härter als Kräuter, von ich weiß nicht welcher Leere erfüllt und von welcher Fülle leer, ein sanftes Saugen, ein schwammartiges Holz. Seine Stärke liegt (vergleichbar dem Apfel) in der Rinde, die Weichheit im Mark, leicht[2] aufwachsend, aber in sich selbst ruhend, der schmutzigen Überschwemmung schönste Frucht.

3 Was dergleichen wächst denn in irgendeiner Pflanzung auf als das, worauf die Gedanken der Klugen überliefert werden? Vordem waren die Aussprüche der Weisen und die Gedanken der Vorfahren nicht gesichert, denn auf welche Art hätte schnell aufgeschrieben werden können, was ob der widerstrebenden Härte der Rinde kaum auszuführen war? Kein Wunder, wenn ein Geistesblitz unter schwerfälliger Verzögerung litt! Und ob der Worte Aufschub mußte manches Genie schal werden.

4 Daher nannte das Altertum auch die Werke der Vorfahren Bast/ Bücher (»libros«); denn auch heute heißen wir Bast/Buch (»librum«) das vom lebenden Holz Abgeschälte. Es war, gebe ich zu, nicht passend, die gelehrten Reden ungehobelten Tafeln anzuvertrauen und in dürre Zweige einzukerben, was eleganter Witz zu finden vermochte. Mit ermüdeten Händen regte der [nur] für wenige die Erinnerung an (und wurde auch nicht motiviert, mehr zu sagen), dem sich eine derartige Seite darzubieten schien. Doch war dies für die Anfangszeit passend, als ein roher Beginn einen solchen Einfall haben mußte, der das Ingenium der Nachfolgenden hervorlocken sollte. Die Schönheit der Papyrusblätter wird vielfach einladend genannt, wo man nicht fürchtet, daß das Material für ein Privileg[3] entzogen wird.

5 Den Eloquenten erscheint es nämlich wie ein Feld mit weißer Oberfläche, ist in Fülle immer hilfreich und wird, wodurch es handlich wird, in sich eingerollt zusammengebunden[4], bis man es in großen Flächen entrollt. Eine Verbindung ohne Spalten, ein kleinteiliges Ganzes, das weiße Mark grünender Pflanzen, eine beschreibbare Oberfläche, die als Zierde das Schwarz aufnimmt,

worauf, mit hervorstechenden Buchstaben gepflanzt, die so fruchtbare Wortsaat den Nachdenkenden höchst süßen Ertrag bringt, und das, so oft sie auf den Wunsch des Lesers trifft. [Der Papyrus] ist ein getreulich bewahrender Zeuge menschlicher Taten, Verkünder des Vergangenen, Feind des Vergessens.

6 Unser Gedächtnis nämlich verändert die Worte, auch wenn es die Sachen selbst festhält; dorthin wird aber in Sicherheit deponiert, was stets in gleicher Form gehört werden soll. Daher bestimmen wir, daß Du die vorgesehene Summe so und so vieler Goldmünzen aus der dritten Besteuerung der Provinz Tuszien jenem Assistenten zahlen und auf die Rechnung der 13. Indiktion[5] setzen sollst. Damit soll das öffentliche Amt in löblicher Kontinuität die Beständigkeit seiner Glaubwürdigkeit bewahren. Es wächst, unbekannt mit den Schwächen der sterblichen Welt, in jährlicher Anhäufung, da es das Neue stetig empfängt und das Alte behütet.

1 Dies und das Folgende sind Umschreibungen des Papyrus. 2 »levis« könnte ebenso heißen: glatt. 3 »exceptio» heißt bei Cassiodor sowohl Privileg als auch Sekretärsamt. 4 »colligitur« (zusammengepackt) scheint hier wie »colligatur« gebraucht zu werden. 5 Steuerzyklus.

VII,10 Formular zur Einsetzung eines Tribuns der Lustbarkeiten (o. J.)

Dieses erst spätantike Amt diente zur Kontrolle der Schauspieler, die von Gesetz wegen keine bürgerliche Ehrbarkeit besaßen. Ausschreitung und Parteizwiste machten eine Aufsicht wünschenswert.

Formular für einen Tribun der Lustbarkeiten

1 Wiewohl die schlüpfrigen Künste weit weg von ehrbaren Sitten sind und durch das unstete Schauspielerleben ihre Freizügigkeit ausarten zu können scheint, hat doch das mäßigende Altertum

dafür vorgesorgt, daß sie doch nicht gänzlich aus der Bahn kommen, indem auch sie einen Richter akzeptieren. Es ist nämlich die Darbietung von Schaustellungen mit einer gewissen Disziplin zu administrieren: Es soll die Schauspieler wenigstens der Schatten einer Gerichtsordnung verpflichten, wenn schon keine richtige. Auch diese Tätigkeiten sollen durch eine Art von Gesetzen gemäßigt werden, wie wenn Ehrbarkeit über die Ehrlosen herrsche, und es mögen die nach gewissen Regeln leben, die den Weg richtigen Betragens nicht kennen. Jene bemühen sich doch nicht so sehr um ihre eigene Unterhaltung wie um das Vergnügen anderer, und wenn sie in verkehrter Lebensweise ihren Körpern die Herrschaft übergeben, haben sie desto mehr ihre Seelen zum Dienen gezwungen[1].

2 Angebracht war es also, daß jene einen Aufseher erhalten, die sich nicht in rechtlicher Weise zu benehmen wissen. Deine Position ist somit über diese Menschenscharen wie ein Tutor gesetzt. Denn wie jene das zarte Alter bewachen, indem sie Vorsichtsmaßnahmen setzen, so müssen von Dir die erhitzten Vergnügungen zum rechten Zeitpunkt deutlich gezügelt werden. Betreibe mit guten Grundsätzen, was die Vorfahren, wie feststeht, mit größter Klugheit erfunden. Wenn den leichtsinnigen Wunsch schon nicht Schamhaftigkeit zurückhält, soll ihn doch die vorangekündigte Strenge beschränken. Sie sollen die Darstellungen nach ihren Gewohnheiten ordentlich bringen, weil nicht einmal sie Gnade finden können, wenn sie nicht irgendeine Disziplin [wenigstens] nachahmen.

3 Daher macht Dich unsere Wahl für diese Amtsperiode zum Tribun der Lustbarkeiten, damit Du alles so besorgst, daß Du Dir damit den guten Willen der Stadt verbindest, damit nicht zu Deiner Zeit das, von dem feststeht, das es zum Vergnügen erfunden wurde, in den Bereich des Sündhaften übergegangen zu sein scheint. Befasse Dich ungeachtet Deines guten Rufs mit Leuten, die keinen guten Leumund haben, und liebe die Keuschheit, Du, dem die Prostituierten unterstehen, auf daß mit großem Lob gesagt werde: »Nach Tugend strebte,

der inmitten der Lüste war.« Wir hoffen nämlich, daß Du durch die Verwaltung der Spiele zu einer seriösen Amtsstellung weiterschreitest.

1 Nach antiker und christlicher Anthropologie soll die Seele über den Leib herrschen.

IX,21 Athalarich ordnet an, daß die Senatoren pünktlich die Lehrer bezahlen, die ihre Söhne ausbilden, und preist die rhetorische Bildung (533)

Nicht nur aus den Erzeugnissen der Prosa der ausgehenden Antike ist die ungemein hohe Schätzung zu entnehmen, die die rhetorische Bildung und eine gehobene Sprache in Italien nach wie vor besaßen, auch die Obsorge selbst gut gebildeter Gotenkönige zeugt davon. Athalarich war von seiner Mutter Amalasuintha zum Unmut des gotischen Adels ganz in römischer Tradition erzogen worden; er starb, noch ehe er die Herrschaft übernehmen konnte.

König Athalarich an den Senat der Stadt Rom

1 Die Angelegenheiten der Söhne haben wir, wie bekannt, mit Recht an die Personen der Väter[1] verwiesen, denen daran liegt, daß die Studien in Rom fortschreiten, damit sie selbst über deren Fortschritt nachdenken sollen. Es ist auch nicht zu glauben, daß Ihr darauf weniger Bedacht habt, woher sowohl Eurem Stand Zierde erwächst als auch Eurer Versammlung durch fleißiges Studium Rat wird. Neulich nun (da Euch ja unsere sorgfältige Aufmerksamkeit gilt) haben wir durch das Murren einiger erfahren, daß die Lehrer der römischen Beredsamkeit die festgesetzte Bezahlung für ihre Mühe nicht bekommen und daß es durch das Gefeilsche einiger dahin kommt, daß die den Schulleitern zustehende Summe offenbar verkleinert wird.

2 Daher, zumal feststeht, daß Belohnung die Künste ernährt, haben wir es als Unrecht beurteilt, wenn den Lehrern der Jünglinge etwas abgezogen wird, die eher durch eine Vermehrung der Honorare zu rühmlichen Studien zu motivieren sind.

3 Die erste Schule der Grammatiker ist nämlich das höchst ansehnliche Fundament der Bildung, die glorreiche Mutter der Beredsamkeit, die weiß, auf Lob bedacht zu sein und ohne Fehler zu sprechen. Sie betrachtet einen mißtönenden Irrtum im Verlauf einer Rede so, wie gute Sitten ein äußeres Verbrechen verabscheuen. Denn wie der Musiker eine sehr süße Melodie durch harmonische Chöre erreicht, so weiß der Grammatiker durch die passende Verteilung der Akzente ein Metrum zu Gehör zu bringen.

4 Die Grammatik ist die Lehrerin der Worte, die Veredlerin des Menschengeschlechts, welche uns bekanntlich vermittels der Einübung der so wunderbaren Lehre der Alten mit Ratschlägen hilft. Ihrer bedienen sich die Barbarenkönige nicht; man weiß, sie bleibt ausschließlich bei legitimen Herren! Waffen und anderes haben auch die sonstigen Völker – die Redekunst wird als einzigartig befunden, die den Herren der Römer zu Hilfe kommt. Aus ihr läßt die Schlachtlinie der Redner das Trompetensignal des Zivilrechts ertönen, aus ihr empfiehlt alle Edlen vornehmste Redegewandtheit, und (um von Weiterem zu schweigen) das, was wir sagen, kommt von ihr.

5 Aus diesem Grund, oh Senatoren, teilen wir Euch mit Gottes Gunst dieses Geschäft zu und diese Erlaubnis: Daß ein Nachfolger in der Schule der freien Bildung[2], sowohl ein Grammatiker als auch ein Redner wie auch ein Rechtsgelehrter, von den Zuständigen die Einkünfte seines Vorgängers ohne jeden Abzug erhalte und, einmal durch die Autorität Eures ersten Ranges[3] und die des gesamten übrigen Senates bekräftigt, solange er für die übernommene Aufgabe geeignet befunden wird, von niemandem weder bezüglich zu übertragender noch zu verringernder Bezüge eine kritische Nachfrage erdulde, sondern unter Eurer

Leitung und Eurem Schutz Sicherheit in seinen Einnahmen besitze, wobei der Stadtpräfekt gleicherweise die Order beachte!

6 Und damit nicht hinsichtlich der [guten] Absichten der Geldgeber etwas unklar bleibe: Sobald sechs Monate verflossen sind, sollen die vorgenannten Lehrer das halbe Teil der festgesetzten Summe erhalten, die restliche Zeit des Jahres soll dann mit der geschuldeten Abgeltung geschlossen werden, damit nicht von fremdem Dünkel abzuhängen gezwungen wird[4], dem es ein Vergehen ist, auch nur einen Augenblick der Zeit nichts getan zu haben.

7 Wir wollen, daß das Verfügte so fest gewahrt wird, daß, wenn ein Geldgeber meint, diese wohl geschuldete Löhnung verzögern zu müssen, er selbst Zinseszahlungen gemäß dem Herkommen leisten soll, hat er ja gerechtes Einkommen löblich Arbeitenden mit einer Gier entzogen, die gebüßt werden muß!

8 Denn wenn wir unser Vermögen für die Belustigung des Volkes an Schauspieler ausgeben (und das verfolgt man sehr eifrig), die nicht als so notwendig gelten können, um wieviel mehr muß man jene ohne Aufschub bezahlen, durch welche sowohl ehrbare Sitten erwachsen als auch für unseren Hof redegewandte Geister erzogen werden!

9 Dies aber heißen wir Euer verehrungswürdiges Gremium den anwesenden Lehrern der Bildung mitzuteilen: So, wie sie wissen, daß wir uns um ihr Auskommen kümmern, so mögen sie erkennen, daß von ihnen mehr Engagement um die Fortschritte der Jugend gefordert werde! Es möge nun jener Satz ungültig sein, der in Satiren von gelehrten Querulanten in den Mund genommen wird, daß sich ein brillanter Kopf nicht mit zwei Obliegenheiten beschäftigen solle. Nun, erwiesenermaßen haben sie ja schon ein bekömmliches Auskommen[5]: Damit sollen sie sich nun richtig mit ganzer Geisteskraft an das Studium der guten Künste machen, auf diese eine Sorge beständig konzentriert!

1 »patres«: übliche Anrede der Senatoren, zugleich Väter von Söhnen, um deren Bildung es hier geht. 2 Die klassische Bildung wurde als »artes liberales«, freie Künste, zusammengefaßt, d. h. einem freien Mann angemessen; Cassiodor sollte im Kloster ein Handbuch darüber verfassen, die *Institutiones*. 3 Die Senatoren waren in drei Klassen geteilt, nur die oberste nahm in der Regel an den Sitzungen teil. 4 Mommsen liest »cogantur« statt des logischen »cogatur«. 5 Anspielung auf Juvenal, *Satura* 7, 63ff.

IX,6 Gewährung eines Kuraufenthalts in Baia und Lob des Ortes (um 527)

Dem weiter nicht bekannten Bittsteller wird ein Gesundheitsurlaub gestattet, wobei seine Bezüge voll aufrecht bleiben. Bemerkenswert ist die Aufmerksamkeit auf die seelische Verfassung, deren Hebung als Voraussetzung der körperlichen Besserung gesehen wird. Die enthusiastische Beschreibung des seit der spätrepublikanischen Zeit beliebten Badeorts am Golf von Neapel räumt hier, im Gegensatz zu anderen Briefen Cassiodors, der Natur den Vorrang über menschlichen Erfindungsgeist ein.

König Athalarich an den Kanzleichef[1]

1 Bei der Erledigung der täglichen Mühen Deines Dienstes, versicherst Du, bist Du so von körperlicher Schwäche befallen worden, daß Du nicht mehr zum Empfang militärischen Ruhmes eilen kannst, zu dem, wie feststeht, Du nach eigenem Willen heftig drängtest. Du besorgst, daß durch Deine Abwesenheit von dieser sozusagen beengenden Situation Dir Dein so geliebtes Einkommen genommen zu werden scheint, beantragst auch, daß Du Dich, von der Not des schmerzenden Körpers gezwungen, im zuträglichen Klima der Badestadt Baia erholen kannst.

2 Es ist ganz angemessen, daß wir unter den Gunsterweisen die höchsten gewähren, daß wir wie den Besiegten Hoffnung, so den Bittenden auch Gesundheit spenden. Daher haben wir Dich sowohl von der lähmenden Angst um Dein Gehalt entbunden

und erleichtern Dich auch durch das Geschenk des vorgenannten Badeaufenthalts, damit Du, zuerst durch eine seelische Freude erquickt, leichter die Gesundheit der Glieder erlangest. Es ist doch eine natürliche Obsorge, den Kranken Freude zu bereiten, denn bringe einem Geschwächten Erheiterung, und er ist geheilt!

3 Mach Dich also auf den Weg nach dem freundlichen Erholungsort, mach Dich auf den Weg zu einer, wenn ich so sagen kann, helleren Sonne! Dort ist die Natur wohltemperiert von der Heilsamkeit der Luft und von angenehmerer Landschaft. Dort unterredet sich Menschengeist mit den Weltgeheimnissen, wenn er in tiefem Nachdenken die Wunder[2] [jener Küste] bedenkt, und er findet kein Ende, das zu bestaunen, was seiner Erfahrung nach dort vor sich gehen kann: zunächst, daß des Nereus[3] Gewässer voll von Meereskostlichkeiten sind, daß der Natur Klugheit so viele Hafenplätze zwischen die Buchten des Landes eingefügt, daß sie so viele edle Eilande mit des Meeres Umarmung beschenkt. Dann das zum Avernersee hin überfließende Meer, wo zum Genuß der Menschen das Leben der Austern behütet wird, so daß es durch den Fleiß Sterblicher so weit kommt, daß dort immer in Fülle vorhanden ist, was anderswo zufällig erscheint.

4 Durch wie viele Molen sind dort die Meeresstrände tunlich besetzt! In welchem Umfang ragt das Land in das Innere der See hinein! Links und rechts spielen Fischschwärme! Anderswo mögen die reichen Köstlichkeiten von fleißig errichteten Gehegen eingeschlossen und die Schwärme des Wassers gefangen gehalten werden – hier gibt es allenthalben Fischzuchten in Freiheit! Füge hinzu, daß der Fischfang so ergötzlich betrieben wird, daß er die Blicke der Zuschauer vor dem gemeinsamen Mahl erfreut. Eine große Freude ist es nämlich, das Ersehnte gefangen zu haben; aber in diesem Fall ist sehr oft die Belustigung des Auges genehmer als der Nutzen des Fanges.

5 Aber um nicht länger abzuschweifen: Man denkt, der wohne unter Neptuns Schätzen, dem in Baia Muße gewährt wird. Mit solchen Dingen in köstlichem Gebrauch gespeist, eilt Ihr zu den trefflichsten Bädern, die sowohl an Wundern reich sind

als auch wertvoll durch heilsame Beschaffenheit. Wenn sie nämlich auch bekanntlich durch menschliche Initiative errichtet wurden, erweisen sich ihre Dienste doch als naturgegeben. Dort verbrennen keine Öfen zusammengesammelte Holzscheite, dauernde Wärme ist dort ohne Flamme am Werk. Dort sind Rauchschwaden unbekannt, die Luft ist äußerst rein, die Dämpfe und Schweiß bringt und gelinde atmen läßt. Und das findet man um so viel heilsamer als die üblichen Bäder, wie die Natur höher steht als menschliches Bemühen. Dort sind von andauernden Strudeln dampfende Wogen zu sehen, die so sehr den Wünschen der Badenden entgegenkommen, daß man meinen möchte, sie seien von Menschen mit Aufmerksamkeit temperiert worden.

6 Die stets gelobte Hochschätzung des Korallenmeeres möge zurücktreten, der ob seiner weißen Perlen reichere Ruhm des indischen Meeres möge ansteigen – was sollen mir diese Kostbarkeiten, wenn der Sinn das Gewünschte nicht genießen kann? Nichts vermag die Küsten von Baia zu übertreffen, wo es zusammentrifft, daß man sowohl die köstlichsten Genüsse goutieren kann als auch vom unschätzbaren Geschenk der Gesundheit erfüllt wird. Genieße also diese Güter, wenn auch erbeten! Aufgrund unserer Wohltaten wirst Du zu Deinem Gehalt kommen. Mit der Hilfe von Baia bemühe Dich um Deine Gesundheit!

1 Primiscrinus – bereits Eigenname (wie Senator) oder nur Titel? 2 Hier und weiterhin: Naturwunder. 3 Ein Meergott.

XII,25 Beschreibung einer lange andauernden Verfinsterung des Himmels und ihrer klimatischen und landwirtschaftlichen Folgen (535/536)

Als es wohl im Jahre 536 zwischen Sumatra und Java zu einem gewaltigen Vulkanausbruch kam, war eine der globalen Folgen ein Staubschleier, der auch im Mittelmeerraum lange die

Sonne verdüsterte und zu erheblichen klimatischen Änderungen führte. Davon sind mehrere voneinander unabhängige Beobachtungen erhalten geblieben; die des Cassiodor bringt nicht nur eine Beschreibung, sondern auch einen Erklärungsversuch.[1] Der Prätorianerpräfekt schreibt natürlich aufgrund eigenen Erlebens, scheint hier jedoch auch von der schönen Literatur beeinflußt: Einerseits von der Lektüre der *Consolatio Philosophiae* seines Amtsvorgängers Boethius und andererseits von dem Epos De rerum natura des Dichters Lukrez, der die epikuräische Lehre von der aus Atomen aufgebauten Welt in Rom verbreitete. Keineswegs sucht Cassiodor Erklärungen für das damals Unerklärliche außerhalb der naturwissenschaftlichen Möglichkeiten seiner Zeit, wenn er diese auch als gottgegeben betrachtet. Aber anders als so oft in der folgenden Epoche führt der Römer die Verfinsterung der Welt nicht auf direktes göttliches oder gar dämonisches Eingreifen zurück, sondern faßt sie als ungewähnliche atmosphärische Erscheinung, die nicht ohne Parallelen sei. Er empfiehlt dem Ambrosius auch keine religiösen Maßnahmen wie Prozessionen usw. zur Änderung des Mißstands, sondern vielmehr nur eine ganz nüchterne Vorratspolitik.

1 Dazu ausführlich, aber wissenschaftlich sehr unzulänglich Keys, »Als die Sonne erlosch«. Neues über dieses vieldiskutierte Ereignis: http://www.wissenslogs.de/wblogs/blog/klimalounge/palaoklima/2008-03-25/was-war-los-im-jahr-536-n.-chr.

Der Prätorianerpräfekt Senator an seinen erlauchten Stellvertreter Ambrosius

1 Meistens erfaßt die Leute Sorge, welche in der Ordnung der Dinge eine Veränderung sehen, weil, was sich als Gegenteil des Gewohnten erweist, oft eine Vorbedeutung hat. Denn nichts geschieht ohne Grund, auch ist die Welt nicht in die Zufälle des Schicksals verwoben, sondern es steht fest, daß göttlicher Ratschluß ist, was immer wir zu Ende kommen sehen. Die Menschen sind in Spannung, wenn Könige ihre Grundsätze

geändert haben, wenn sie anders angezogen einherschreiten, als es üblicherweise ihr Brauch war. Wer wird aber bei Derartigem nicht von großer Neugierde umgetrieben, wenn sich das Gewohnte verkehrt und man von den Gestirnen etwas Dunkles kommen sieht? Denn wie eine gewisse Sicherheit darin liegt, den regelmäßigen Lauf der Zeiten zu betrachten, so werden wir von großer Neugierde erfüllt, falls man merkt, wie sich solches ändert.

2 Wie ist es, frage ich, den ersten der Sterne[1] zu erblicken, und sein gewohntes Leuchten nicht zu sehen? Den Mond, die Zierde der Nacht, in seinem vollen Kreis zu schauen, aber nicht seinen natürlichen Glanz? Wir erblicken alle immer noch die Sonne, als ob sie bläulich wäre, wir staunen, daß mitten am Tage die Körper keine Schatten haben und jene Kraft stärkster Hitze bis zur Bewegungslosigkeit extremer Lauheit geführt hat. Wobei doch feststeht, daß dies nicht von einem augenblicklichen Schwinden [des Lichtes] bei einer Sonnenfinsternis kommt, sondern der Zustand im Laufe fast des ganzen Jahres ist.

3 Was für ein Schrecken ist es also, länger zu ertragen, was die Leute sogar zu entsetzen pflegt, wenn es sich höchst rasch [vollzieht]. So hatten wir einen Winter ohne Stürme, ein Frühjahr ohne Milde, einen Sommer ohne Hitze. Woher wäre noch zu hoffen, daß mildes Klima kommt, wenn die Monate, in welchen die Früchte hätten reifen können, heftig unter Nordwinden litten? Was mag denn Fruchtbarkeit hervorbringen, wenn sich die Erde in den Sommermonaten nicht zu erwärmen beginnt, was die Knospe öffnen, wenn der Stamm nicht den Regen aufnimmt? Wir erleben, daß diese beiden sich gegen alle Elemente richten: ewiger Frost und unnatürliche Dürre. Die Jahreszeiten haben sich geändert, indem sie sich nicht änderten, und was durch vermischte Regengüsse hervorgebracht zu werden pflegte, vermag nicht durch bloße Trockenheit zu entstehen.

4 Und daher möge Deine Klugheit mit den alten Feldfrüchten den zukünftigen Mangel überwinden, weil die Fruchtbarkeit des

vergangenen Jahres so reichlich war, daß das Aufgesparte auch für die kommenden Monate genug sein sollte. Alles soll vorrätig gehalten werden, was man zum Leben braucht. Leicht findet der Privatmann das Nötige, wenn sich die öffentliche Zurüstung gefüllt hat.

5 Aber damit Dich das gegenwärtige Problem nicht mit großem Zweifel quäle, wende Dich zur Analyse der natürlichen Gegebenheiten: Da wird durch Vernunft gewiß, was dem stutzenden Volk unklar erscheint. Es steht nämlich fest, daß es so von der göttlichen Vorsehung angeordnet wurde: Die Sterne des gegenwärtigen Jahres kamen in Häusern so mit wechselseitiger Organisation zusammen, daß der Winter sich unüblich trocken und kalt gestaltete. Daher wurde die von dem Schnee mit allzu viel Frost verdichtete Luft von der Wärme der Sonne zu keiner Verdünnung gebracht, sondern in der angenommenen Dichte fortdauernd, leistete sie sowohl ihrer Hitze Widerstand, wie sie auch des Anblicks menschlicher Gebrechlichkeit spottete. Was sich nämlich in der Mitte befindet, beherrscht unser Sehen, und wir können nur so viel durchblicken, wieviel sie [die natürlichen Gegebenheiten] uns aufgrund der Dünnheit ihrer Materie [durchblicken] lassen.

6 Diese große Leere nämlich, die zwischen Himmel und Erde wie ein ganz flüssiges Element schwebt, steht für unsere Blicke wirklich frei, so lange es noch rein und von Sonnenhelle durchdrungen ist. Wenn sie sich aber durch irgend eine Beimischung verdichtet hat, dann läßt sie wie bei einer ausgespannten Haut weder die eigenen Farben der Sterne noch ihre Wärme durchkommen. Dies geschieht auch in anderen Zeiten bei wolkiger Luft häufig eine Zeit lang. Daher kommt es, daß die Strahlen der Gestirne länger in ungewohnter Farbtönung erscheinen, daß der Mäher den neuen Frost fürchtet, daß die Früchte im Lauf der Zeit hart geworden sind, daß alternde Trauben sauer sind.

7 Wenn man dies aber der göttlichen Vorsehung zuschreibt, müssen wir uns nicht beunruhigen, zumal wir durch ihren Befehl

daran gehindert sind, nach Vorzeichen zu suchen[2]. Das aber erkennen wir ohne Zweifel, daß dies den Früchten der Erde schädlich ist, wenn wir sehen, daß die gewohnte Nahrung nicht nach ihrem eigenen Gesetz aufwächst. Daher möge es Eure Sorgfalt in die Wege leiten, daß uns nicht die Unfruchtbarkeit eines Jahres in Verlegenheit zu bringen scheine, zumal so von jenem ersten Verwalter[3] unserer hohen Stellung vorgesorgt wurde, daß die vorhergehende Fülle den folgenden Mangel zu lindern vermochte.

1 Die Sonne. 2 Matthäus 16, 1ff. 3 Anspielung auf die Tätigkeit des alttestamentlichen Joseph in Ägypten.

Wirtschaft

Seit dem dritten nachchristlichen Jahrhundert läßt sich eine fortwährende Erniedrigung der ökonomischen Potenzen des Imperium Romanum feststellen, für die verschiedene Faktoren eine Rolle spielten. Im Verlauf der Völkerwanderungszeit und des frühen Mittelalters nahm diese Tendenz so weit zu, daß die vordem blühende Städtekultur deutlich schrumpfte, Erwerbs- und Lebensformen ›verbauerten‹ und der Handel fast nur mehr regional stattfand. Davon ist freilich in den *Variae* noch kaum etwas zu spüren. Denn die Völkerwanderung hatte den extensiven Mittelmeerhandel wohl gestört, nicht aber zum Erliegen gebracht; erst die Eroberungen der Araber und eine Reihe anderer Momente sollten im 7. und 8. Jahrhundert zu einem radikaleren Umbau der wirtschaftlichen Gegebenheiten führen[1]. Italien bewegte sich unter den Ostgotenkönigen weitgehend in den herkömmlichen Bahnen; die Goten mischten sich wenig in die Wirtschaftsverhältnisse ein, sie lebten gut von den Land- und Steuereinkünften, die ihnen seit der Eroberung der Halbinsel zustanden. Natürlich kontrollierte der Monarch diesen lebenswichtigen Sektor besonders genau. Sklaven und halbfreie Bauern trugen die Landwirtschaft, die Viehzucht wurde gefördert, die Versorgung der Städte per Schiff funktionierte noch in der Regel, desgleichen die Münze; man ist in Italien noch weit von der Naturalwirtschaft des Frühmittelalters entfernt. Allerdings konnten einzelne Folgen der allgemeinen Reduktion nicht übersehen werden: Dem Mangel an Gold versuchte man durch Schürfungen nach wertvollen Grabbeigaben in Friedhöfen abzuhelfen, was als königliches Privileg angesehen wurde, während der Bergbau wenig entwickelt erscheint. Wenn der Fleisch-Export zu Gunsten des Binnenmarktes unterbunden werden mußte, wird man darin einen Schritt in Richtung auf die Reduktion des Handels erkennen. Die frühmittelalterliche Wirtschaft ist dann weitgehend auf möglichst autarke lokale Einheiten zusammengeschrumpft. Cassiodor selbst sollte noch die Zeit der durch die Pest und den byzantinisch-gotischen Krieg bewirkten Depression erleben, konnte sich aber in sein Kloster zurückziehen, das in einer von den Krisen der zweiten Hälfte des 6. Jahrhunderts wenig berührten Landschaft Süditaliens lag.

1 Das ist die sog. Pirenne-These (vgl. Pirenne); sie wird von heutigen Wirtschaftshistorikern nur stark gemäßigt bzw. modifiziert anerkannt.

II,20 Theoderich fordert Getreideschiffe zur Versorgung des Hofes an (507/511)

Während für die Zentralorte Rom, Mailand und Ravenna die traditionelle Versorgung durch den Handel noch großteils so funktionierte wie seit den Zeiten der Republik gewohnt, konnte in kleineren Städten wie Pavia der königliche Hof nicht mehr ohne spezielle Maßnahmen versorgt werden. Der König fordert daher, daß das in der Residenz lagernde Getreide auf dem (etwas nördlich von Ravenna ins Meer mündenden) Po zu ihm gebracht werde.

König Theoderich an den Saio Wiligis

1 Es geziemt sich, daß alle gern finanzieren, was zum öffentlichen Nutzen beitragen kann, alldieweil es notwendig ist, daß die Glieder das spüren, was das Haupt des Körpers fühlt[1]. Und daher haben wir mit gegenwärtiger Weisung beschlossen, daß Du, was Du an Lastschiffen[2] in der Stadt Ravenna finden kannst, mit staatlichem Getreide beladen zu uns[3] bringen sollst, damit die

öffentliche Versorgung, durch eine solche Vorsorge erleichtert, nicht Mangel und Knappheit leiden muß. Ravenna möge die Fülle an Ligurien zurückgeben, die sie von dort üblicherweise empfängt, denn wo unsere Anwesenheit unterhalten wird, muß Erquickung für viele gefunden werden. Es zieht nämlich unser Hof Scharen von Schaulustigen an, und während man eilt, Wohltaten zu erweisen, wird für die Menge die nötige Quantität gefordert.

1 Der organologische Vergleich des Staates mit dem menschlichen Körper war seit der griechischen Antike eine beliebte Metapher. 2 Unsichere Überlieferung. 3 Der Hof befand sich damals wahrscheinlich in Pavia.

I,35 Theoderich tadelt das Ausbleiben der Getreideschiffe und zählt ironisch verschiedene Meereslebewesen auf, die der Grund dafür sein könnten, währenddem es sich faktisch um menschliches Fehlverhalten handelte (507/511)

Süditalien und Sizilien waren die Getreidekammern Roms, das angesichts seiner Größe schon seit Jahrhunderten nicht mehr bloß aus dem Umland ernährt werden konnte. Auch die gotische Residenzstadt Ravenna benötigte diese Versorgung. Das zeitige Eintreffen der Lastschiffe mit Getreide, die während der Herbst- und Winterstürme nicht mehr auslaufen konnten, war daher lebensnotwendig. »Es ist nicht wahrscheinlich, daß Theoderich je einen Brief wie diesen gelesen hat, ehe er seine Unterschrift (vielleicht mit einer Schablone) darauf setzte. Falls doch, wird er es gewiß mit Lächeln gesehen haben, wie seine wenigen ärgerlichen Worte in seiner germanischen Sprache sich in diese wunderbare Rhapsodie über Fischhalter, Zitterrochen und Schalentiere des indischen Meeres verwandelten.«[1]

[1] Hodgkin, Letters, S. 18.

König Theoderich an den Prätorianerpräfekten Faustus

1 Nachdem die Trockenheit des gegenwärtigen Jahres, die lokal zu bestimmten Zeiten zu wüten pflegt, die Feldfrüchte wie eine Fehlgeburt nicht so sehr hervorbrachte, sondern in unvollkommener Übermäßigkeit niederwarf, da die Eingeweide der Erde durch übergroße Hitze ausdörrten, ist jetzt mit besonderem Eifer danach zu suchen, wonach man üblicherweise auch in der Fülle strebt.

2 Und daher sind wir gänzlich erschüttert, weil das staatliche Getreide, das durch Euren Kanzler üblicherweise von den Gestaden Kalabriens und Apuliens zur Sommerszeit abgeschickt wurde, nicht einmal im Herbst eingetroffen ist, wenn der Sonne Rückweg, die südlichen Gestirne durchlaufend und von der Ordnung der Natur bemessen, in Vermischung mit der Luft die Wirbelstürme wieder aufleben läßt! Das wird auch von den Monaten selbst zu verstehen gegeben, empfingen sie doch passend ihre Namen von der Zahl der künftigen Regengüsse[1]. Was soll also diese Verzögerung, daß bei so großer Ruhe die schnellen Schiffe noch nicht abgeschickt wurden, obwohl die Stellung der nicht untergehenden Sterne einlädt, rasch die Segel auszuspannen, und das Vertrauen auf das heitere Wetter die Bestrebungen der Eilenden nicht zu erschrecken vermag?

3 Hat vielleicht trotz des günstigen Südwindes und der Hilfe der Ruder der Biß des Schiffshalters[2] die Fahrt der Schiffe im Wellenfluß angehalten? Oder haben die Schiffsbäuche Muscheln des indischen Meeres von ähnlichem Vermögen mit ihren Rändern fixiert? Von ihrer ruhigen Berührung sagt man, sie halte mehr zurück, als die erregten Elemente erzwingen können. Es verharrt träge der Kahn, dem der Wind zulacht, geflügelt mit schwellenden Segeln, und bekommt keine Fahrt. Ohne Anker sitzt er fest, ohne Taue ist er festgebunden, und so kleine Tiere halten mehr auf, als so viele treffliche Hilfsmittel antreiben. Obgleich die Welle darunter den Kurs beschleunigt, steht auf der Meeresfläche das Schiff fest und ohne Bewegung, und auf erstaunliche Weise werden die

Schwimmenden ohne Erschütterung festgehalten, obschon sich Wellenschlag, unzählig, übereilt.

4 Aber um eine andere Fischnatur zu nennen: Vielleicht erstarrten die Matrosen der vorgenannten Schiffe in tiefer Schlaffheit aufgrund der Berührung mit einem Zitterrochen? Von dem werden die Hände der Speerfischer schwer, indem er derartig durch die Lanze, mit der er verwundet wurde, die Hand des Zustoßenden ›infiziert‹, daß ein Teil der lebenden Substanz ohne jede Sinnesempfindung unbeweglich erstarrt. Ich glaube, solches hat jene getroffen, die sich nicht zu bewegen vermögen. Deren Schiffshalter ist aber die Behinderung durch Käuflichkeit, der Biß der Muscheln die unersättliche Begierde, der Zitterrochen die betrügerische Täuschung! Sie lassen es nämlich mit unrechtem Eifer zu Verzögerungen kommen, daß es scheinen soll, sie würden auf widrige Umstände stoßen. Dies möge Deine Herrlichkeit, deren Aufgabe es im Besonderen gewesen wäre, solche Dinge zu bedenken, durch schnellste Korrektur beheben, auf daß es nicht scheine, der Mangel sei nicht so sehr durch die Trockenheit des Wetters, wie [vielmehr] durch Nachlässigkeit als seiner Urheberin entstanden!

1 Ab September sind die Monatsnamen von den Zahlwörtern genommen (»septem«, sieben), klingen aber an »imber« (Regen) an. 2 Eine Barschart, die sich mit einer Saugplatte an anderen Meeresbewohnern und Schiffen festsaugt.

III,50 Theoderich befiehlt den Austausch von norischen und alemannischen Rindern (um 510)

König Theoderich an die norischen Provinzialen

1 Gern ist eine Weisung anzunehmen, die dem Geber nützt und den Empfänger ob der aktuellen Notsituation freut. Denn wer könnte es für eine Last halten, wenn beim Tausch ein größerer Gewinn verdient wird?

2 Und daher beschließen wir mit vorliegenden Verordnungen, daß es erlaubt sei, die Rinder der Alemannen, die wegen ihrer Körpergröße wertvoller erscheinen, aber von der Länge des Weges geschwächt sind, bei Euch gegen solche einzutauschen, die zwar kleinwüchsiger sind, aber zur Arbeit geeignet, damit sowohl der Vorteil jener durch gesündere Tiere gestützt wird als auch Eure Äcker mit größeren Zugtieren versehen werden.

3 So geschieht es, daß jene kräftemäßig robuste [Tiere] erlangen, Ihr von Gestalt schöne, und, was selten der Ausgang zu sein pflegt, Ihr, ein jeder von Euch, bei einem Handel sichtlich die erwünschten Vorteile erlangt habt.

II,12 Theoderich verbietet die Ausfuhr von Gepökeltem, das dem heimischen Verbrauch vorbehalten sein soll (507/511)

König Theoderich an den Grafen der Siliquatarii und den Hafenaufseher

1 Wenn unseren Wünschen der Handel mit dem Ausland dient, wenn durch Goldzahlungen der Gehorsam fremder Völker erworben wird, um wieviel mehr muß Italien an den eigenen Gütern Überfluß haben, zumal sich bei ihrer Herstellung kein Schaden ausmachen läßt? Und darum befehlen wir, es möge gar keine Art von Pökelfleisch ins Ausland geschickt werden, sondern es soll mit Gunst der Gottheit zu unserem Gebrauch aufbewahrt werden, damit nicht das aufgrund schadenbringender Unachtsamkeit zu fehlen scheine, was in unserer Gegend hergestellt wird.

2 Hütet Euch also, daß sich keine Gelegenheit, wie klein auch immer, zu schuldhaftem Verhalten biete, und wißt, daß es eine sehr schwere Gefahr [für Euch] sein würde, wenn Ihr auch nur ein wenig daran dächtet, etwas gegen die Befehle anzustellen! Die Verfehlung liegt in der Art, nicht in der Zahl – Unrecht sucht

ja kein Maß.Wenn eine Anweisung auch nur im Kleinen nicht respektiert wird, ist sie ganz und gar verletzt!

III,53 Ein Wassersucher kommt aus Afrika; Methoden der Suche (507/511)

König Theoderich an den erlauchten Finanzminister Apronianus

1 Aus dem Bericht Eurer Erhabenheit haben wir erfahren, daß nach Rom ein Wassersucher aus den Reichsteilen Afrikas gekommen ist, wo diese Kunst wegen der Trockenheit der Gegend immer mit großem Eifer betrieben wird. Er kann für trockene Orte Wasser aus der Tiefe besorgen, so daß er durch seine Kompetenz Plätze bewohnbar macht, die ganz ausgetrocknet und unfruchtbar sind.

2 Wisse, daß uns dies angenehm war, wenn diese in Büchern der Vorfahren[1] dargelegte Tätigkeit zu unseren Zeiten mit Erfolg ausgeübt wird. Freilich: Aus den Zeichen grünenden Grases und dem hohen Wuchs der Bäume erschließt er passend die Nähe der Wogen. Bei Böden, unter denen Süßwasser nicht weit weg ist, lacht nämlich immer eine Fülle von manchen Pflanzen, wie die Wasserbinse, das zarte Rohr, die kräftigen Dornen, die liebliche Weide, die grünende Pappel und sonstige Baumarten, die sich immerhin über ihre Natur hinaus fruchtbar und reichlich auswachsen.

3 Es gibt auch andere Indizien bei dieser Kunst: Wenn bei Anbruch der Nacht trockene Wolle auf die schon vorbereitete Erde gelegt und mit einem einfachen[2] Geschirr bedeckt zurückgelassen wird, dann findet man sie morgens feucht, falls erfreulicherweise Wasser nahe ist. Bei Sonnenschein betrachten die sorgfältigen Kenner auch die Örtlichkeiten, und wo speziell sie über der Erde eine Wolke von ganz kleinen Mücken fliegen sehen, da versprechen sie, wird gefunden, was Freude bringt. Sie sagen auch, daß ein ganz zarter Dunst, wie eine Säule geformt,

erblickt wird, der, so weit er sich in die Höhe hinaufzieht, eine gleiche Tiefe des verborgenen Grundwassers erkennen lasse, so daß es erstaunlich ist, wie durch diese und verschiedene andere Anzeichen ein bestimmtes Maß vorhergesagt wird, in welcher Tiefe sich das gesuchte [Wasser] zeigen soll. Sie sagen auch vorher, wie das Wasser schmeckt, damit weder bitteres mit Aufwand und Mühe gesucht werden soll, noch süßes und notwendiges verächtlich verschmäht.

4 Diese Wissenschaft haben der Nachwelt bei den Griechen trefflich jener …[3] überliefert, bei den Lateinern Marcellus[4]: Sie haben nicht nur genau über die unterirdischen Gewässer gehandelt, sondern auch über die Mündung der Quellen. Sie sagen nämlich, daß die Wasser, die nach Osten und Süden hervorbrechen, süß und durchsichtig seien und aufgrund ihrer Leichtigkeit als sehr heilsam befunden werden. Was aber nach Norden und Westen fließt, erweise sich nämlich als zu kalt und aufgrund seiner Dichte und Schwere unbekömmlich.

5 Wenn also Eure Weisheit durch die Lektüre der Bücher und den Gebrauch der Sache hinsichtlich des erwähnten [Wassersuchers] sieht, daß das Vorausgesagte feststeht, sollst Du ein entsprechendes Honorar aus den öffentlichen Finanzen nehmen und seine Reisekosten und Ausgaben begleichen, wobei Du Gewinn haben wirst, sobald er die Gaben seiner Kunst abstattet.

6 Denn wiewohl die Stadt Rom an bewässernden Quellen Überfluß hat und sich an Brunnen freut wie an zahlreichlichen überquellenden Wasserleitungen, finden sich doch viele Vororte, die diesen Vorteil offensichtlich ersehnen; so wird richtigerweise jemand behalten, von dem man weiß, daß er auch nur in dem bestimmten Bereich notwendig ist. Ihm muß jedenfalls ein Mechaniker beigegeben werden, damit er die Wasser, die jener findet, hebt und durch seine Kunst hinaufsteigen läßt, da es von Natur aus nicht in die Höhe kommen kann. Es soll also auch dieser zu den Meistern der übrigen Handwerkskünste gerechnet werden, daß man nicht meint, es habe etwas Wünschenswertes

gegeben, das unter unserer Regierung die Stadt Rom nicht hätte bieten können.

1 U. a. Vitruv, Plinius, Palladius. 2 Oder: ungebrannten? 3 Name fehlt. 4 Es kommen mehrere Autoren dieses Namens infrage.

VII,32 Das Amt des Münzmeisters und die Reinheit der Geldstücke

Formular für die Übernahme des Münzwesens

1 Jede öffentliche Aufgabe muß mit redlichem Handeln durchgeführt werden, denn alles wird lasterhaft getan, wo man kein reines Gewissen hat! Vielmehr muß durchgehend die Reinheit der Münze angestrebt werden, auf die sowohl unser Antlitz geprägt wird, als [in ihr] auch der allgemeine Nutzen gefunden wird. Denn was wird noch sicher sein, wenn man gegen unser Antlitz frevelt und eine sakrilegische Hand das zu verletzen eilt, was der Untertan aus ganzem Herzen verehren muß? Weiter löst sich alles Kaufgeschäft auf, wenn die zur Vorratsbeschaffung notwendigen Metalle gefälscht werden, wenn es notwendig ist zurückzuweisen, was man beim Warenhandel an Verunechtetem angeboten sieht. Wer also würde dulden, daß der durch Verbrechen verursachte Schaden aller einem zum Vorteil gereicht, womit ein verachtenswertes Laster Gewinn zu machen vermöchte?

2 Das sei rein, was nach dem Bild unserer Erhabenheit[1] vorgelegt wird – des Königs Glanz erlaubt keine Korruption! Denn wenn das Antlitz jedes Beliebigen mit der richtigen Farbe gemalt wird, wird mit noch viel mehr Recht seine fürstliche Gnaden durch die Reinheit der Metalle geschützt. Des Goldes Flamme erstrahle von keiner unrechten Beimischung, des Silbers Farbe lächle mit seiner Weiße, die Röte des Erzes verbleibe in seiner ursprünglichen Beschaffenheit! Wenn man nämlich bedenkt,

daß es von den Gesetzen geahndet werden muß, wenn einer verletzt wird, was kann dann jener verdienen, der sich gegen eine so große Anzahl von Menschen verging?

3 Wir schreiben natürlich auch vor, daß das für Denare festgesetzte Gewicht gewahrt werden soll. Früher[2] wurden sie mehr nach Gewicht als nach Anzahl verkauft; daher sprach das Altertum, das die Bedeutungen der Worte treffend vom Ursprung ableitete, schön von compendium und dispendium[3] [Einnahme und Ausgabe]; pecunia [Geld] wurde nämlich nach dem Körper des pecus [Viehs] genannt und noch ohne irgendeine Prägung auf das Metall übertragen, wovon die Gallier die Urheber waren. Wir dulden nicht, daß es durch eine unreine Beimischung verachtenswert wird, damit es nicht offensichtlich in die Wertlosigkeit der Vorzeit zurückfalle.

4 Mithin befehlen wir, daß Du, dessen integres Handeln uns gelobt wurde, von dieser Periode an für fünf ganze Jahre die Agenden der Münze übernimmst (es wird erwähnt, daß König Servius[4] sie zuerst in Erz geprägt habe[5]), [und zwar] so, daß Du nicht zweifeln mögest, es werde eine für Dich gefährliche Untersuchung geben, falls dabei etwas Betrügerisches zu finden sein sollte! Denn so, wie Du ein schlimmes Schicksal haben wirst, falls Du Dir vielleicht etwas zu Schulden kommen läßt, so werden wir Dich nicht unbelohnt lassen, wenn wir bemerken, daß Du Dich untadelig benommen hast.

1 Dem Münzporträt des Herrschers. 2 In der frührepublikanischen Epoche war das Geld »rohes Erz« ohne Prägung, mit einem vom Gewicht abhängigen Wert. 3 Beides von »pendere«, wägen. 4 Der sechste römische König Servius Tullius (6. Jh.). 5 Dieser Satz scheint durch einen Schreiberirrtum im Archetypus vom vorherigen Paragraphen hierher versetzt worden zu sein.

IV,34 Theoderich befiehlt, nach goldenen Grabbeigaben zu schürfen (507/511)

Da die Sitte der Grabbeigaben bei den Christen ohnehin außer Gebrauch gekommen war, schien es kein Religionsdelikt, in den Bestattungen der römischen und germanischen Heiden nach Wertvollem zu suchen und es für den Staat einzuziehen, wenn die Toten selbst unangetastet blieben.

König Theoderich an den Revisor[1] Duda

1 Es gehört zur üblichen Klugheit, die im Erdreich verborgenen Talente[2] zum Gebrauch der Menschen zurückzuholen und den Handel der Lebenden nicht den der Toten zu nennen, weil sowohl für uns die vergrabenen verloren sind, als sie auch für jene in keiner Hinsicht brauchbar zurückgelassen werden. Der Umlauf der Metalle ist dem Menschen ja hilfreich, denn so lange sie brachliegt, ist eine reiche Goldader der übrigen Erde ähnlich; durch den Gebrauch wächst ihr Wert zu – wie auch bei den Lebenden das begraben ist, was von den Händen Geiziger verschlossen gehalten wird.

2 Und daher bestimmen wir mit ordnendem Befehl, daß Du Dich mit amtlichen Zeugen zu jenem Ort begibst, an dem, wie berichtet wird, das meiste verborgen liegt. Und wenn das genannte Gold oder Silber durch Deine Nachforschung entdeckt wird, wirst Du es getreu für den öffentlichen Vorteil beanspruchen, doch so, daß Ihr die Asche der Toten nicht mit Händen berührt, weil wir nicht wollen, daß Gewinn gesucht wird, der durch Grabschändung zu finden ist. Bauten mögen die Asche bedecken und Säulen oder Marmor die Gräber schmücken, aber Talente sollen die nicht innehaben, die des Lebens Handel verlassen haben.

3 Gold wird nämlich mit Recht Gräbern entnommen, wo kein Besitzer ist; vielmehr ist es fast ein Vergehen, das nutzlos in den Grüften der Toten zurückzulassen, wovon man das Leben der Lebenden erhalten kann! Es ist nämlich nicht Begehrlichkeit,

das herauszuholen, was verloren zu haben kein Besitzer sich beklagt. Als erster, sagt man, habe Aiakos[3] Gold gefunden, und Silber der König Indus von Skythien[4], und sie haben es höchst löblich den Menschen zum Gebrauch übergeben. Wir dürfen das also nicht im Gegensatz [zu ihnen] unbeachtet lassen, auf daß nicht, wie die verborgenen [Metalle] mit Lob gefördert wurden, die so gefundenen schimpflich unbeachtet gelassen zu werden scheinen.

1 Der »saio« war ein neuer Amtsträger in Theoderichs Reich, ein Königsbote stets gotischer Abkunft, der polizeiliche Aufgaben erhielt (vgl. Morosi). 2 Höchste Rechnungseinheit im Geldverkehr. 3 Sohn des Zeus, einer der Totenrichter in der Unterwelt. 4 Ebenso sagenhaft.

IV,18 Theoderich befiehlt eine Untersuchung gegen den Priester Laurentius, der die Totenruhe gestört haben soll, um in den Gräbern nach wertvollen Beigaben zu suchen (507/511)

Etwa gleichzeitig mit dem vorhergehenden Erlaß ordnet der Herrscher eine Inquisition gegen einen (katholischen oder arianischen?) Geistlichen an, der eben mit dieser Gewinnabsicht Bestattungen zu durchstöbern pflegte. Im Gegensatz zu der von Theoderich legitimierten Suche hatte Laurentius dies ohne seine Erlaubnis und mit Störung der Totenruhe unternommen. Außerdem hätte ein Geistlicher seine von der Priesterweihe geheiligten Hände nicht mit solchen Manifestationen der Goldgier beschmutzen dürfen.

König Theoderich an den erlauchten Grafen Anna

1 Es ist unserer Gnaden Gewohnheit, unsere Agenden der erprobten Ehrlichkeit uns gegenüber zu übertragen, damit böse Hinterlist keinen Platz finden kann, wenn wir Richter, begabt mit reifer Urteilsfähigkeit, delegieren. Seit längerem

erfahren wir von vielen Seiten, daß der Priester Laurentius in den Aschenhaufen graben läßt, um nach reichen Beigaben zwischen den Leichen der Menschen zu suchen, wobei er die Toten erschüttert, er, der den Lebenden Ruhe predigen sollte! Er, heißt es, hat seine in frommer Weihe geheiligten Hände nicht von so kruder Befleckung enthalten: Gold soll er mit verdammenswerter Gier gesucht haben, er, dem es geziemt hätte, wenigstens seinen gerecht gesammelten Reichtum den Bedürftigen zu geben.

2 Dies in genauer Untersuchung herauszufinden schreiben wir Dir vor, daß Du, wenn Du siehst, das Gesagte entspricht der Wahrheit, den Wandel des Mannes zumindest mit dem Ziel beendest, daß er nicht verstecken kann, was er nie hätte finden dürfen! Das Verbrechen nämlich, das wir wegen der Ehre des Priesterstandes unbestraft lassen, muß, meinen wir, mit größerer Strenge geahndet werden[1].

1 Von Gott.

I,21 Theoderich fordert die Kontrolle der Finanzen der Werkstätten, die mit seiner Unterstützung für die Verschönerung Roms arbeiten (507/511)

Der Gotenkönig, beeindruckt von der immer noch faszinierenden Pracht Roms, das er im Jahre 500 besucht hatte, bemühte sich wiederholt um die Erhaltung der baulichen und künstlerischen Einrichtungen des Stadt. Die beauftragten Unternehmer mißbrauchten jedoch seine Unterstützungen, weswegen er eine Finanzprüfung durch zwei Senatoren anordnen mußte.

König Theoderich an den illustren Maximian und den erlauchten Andreas

1 Wir sollten vom engagierten Eifer der Bürger zur Verschönerung der Stadt eingeladen werden, denn niemand vermag das zu lieben, von dem er bemerkt, daß es die Bewohner [selbst] nicht lieben! Einem jeden ist seine Heimat besonders wert, insofern er sich bemüht, daß das vor allem heil bleiben wird, wo er von Kindesbeinen an weilte. Daher mögen wir mit entsprechenden Wünschen zu Schenkungen eingeladen werden, damit wir, was wir freiwillig zuteilen, mit verdoppelter Gnade darbringen. Und daher erachte es niemand als Beschwernis, über das Geld Rechenschaft abzulegen, das für die Römischen Werkstätten bestimmt wurde, denn ein reines Gewissen trachtet danach, geprüft zu werden, wenn es die Frucht seiner Arbeit erlangt, alldieweil es erkennt, daß man uns Positives über es hinterbringt.

2 Daher beschließen wir mit der gegenwärtigen Order, daß ihr die Werkstätten der Stadt Rom kontrollieren sollt, ob die Arbeit am Werk den Ausgaben entspricht. Wenn aber feststeht, daß bei irgendjemandem Geld geblieben ist, das nicht für die Werkstätten ausgegeben wurde, hat er das Zurückzufordernde an die bestimmte Sache zurückzugeben. Nach Vollzug einer klaren Abrechnung schickt Ihr uns völlig korrekte Informationen, daß man sieht, Ihr, die Ihr zur Erforschung der Wahrheit ausgewählt seid, antwortet auf unser Geheiß! Niemand, glauben wir nämlich, möchte sich hinsichtlich unserer Freigiebigkeit täuschen lassen, wenn wir urteilen, er könne bei einem solchen Geschäft auch von dem eigenen Vermögen Auslagen machen.

3 Selbst die durch die Lüfte ziehenden Vögel lieben die eigenen Nester; die umherschweifenden wilden Tiere eilen zu ihren Lagerplätzen im Unterholz; die die flüssigen Gefilde durchschwimmenden delikaten Fische suchen ihre Höhlen mit eifrigem Spürsinn auf; und alle Tiere sind begierig, über möglichst lange Zeit dort zu bleiben, wo sie ihre Zuflucht kennen. Was sol-

len wir noch über Rom sagen, das mehr zu lieben als die eigenen Kinder göttliches Recht ist?

IX,3 Athalarich läßt nach Gold schürfen (um 527)

Cassiodors Schilderung des Bergbaues wirkt einigermaßen idyllisierend, denn die Gewinne aus einer königlichen Domäne werden kaum bei den Grubenarbeitern geblieben sein. Die Kumpel bestanden hauptsächlich aus Sklaven, Verurteilten und Kriegsgefangenen, auch zwangsverpflichteter lokaler Bevölkerung. Der allgemeine Niedergang dieses Wirtschaftszweigs in der Spätantike ließ sich auch durch obrigkeitliche Bemühungen, von denen u. a. dieser Brief zeugt, nicht aufhalten.

König Athalarich an den erlauchten Finanzstaatssekretär Bergantinus

1 Wenn jede fleißige Arbeit so unterschiedliche Früchte zeitigt, daß Gold und Silber im gewohnten Austausch damit zu verdienen sind, warum forschen wir nicht gleich nach dem, dessentwegen wir offensichtlich das Andere erheischen? Das reiche Italien soll uns auch goldene Früchte tragen! Jeden Erfolg erlangt man, wo das gelbe Metall gefunden wird. Denn was ist es nötig, die Erde mit vielfachem Ernteertrag zu ermüden, wenn in ihr so Wertvolles zu holen ist? Feldfrüchte gewährt uns die Natur gewöhnlich bei entsprechendem Bemühen; allenthalben ergießt sich Wein – das Metall wird selten gefördert, so daß man es eifriger erstrebt.

2 Demzufolge befehlen wir, daß Deine Erhabenheit einen Rechnungsbeamten zu dem in Bruttien[1] gelegenen Rusticianischen Gut in unserem Besitz absenden möge, und wenn, wie von Theodor, einem Kenner dieser Dinge, gesagt wird, der Boden reich an den erwähnten Schätzen ist, sollen richtiggehende Werks-

gebäude eingerichtet und das Innere der Berge durchforscht werden. Man betrete mit technischer Hilfe die Eingeweide der Erde und forsche in der reichen Natur wie in ihren Schätzen nach! Wenn nämlich mit ingeniöser Kühnheit die Steine weggewälzt und die Stollen eröffnet sind, graben die Nachahmer des Maulwurfs sich Wege, die zuvor für niemanden offen lagen. So läßt ihr Ehrgeiz nichts verborgen zurück, nicht einmal dort, wo er dabei seinen Untergang finden könnte.

3 Es betreten die Menschen tiefe Finsternisse, leben ohne die da oben, kommen ohne Sonne aus, und verlassen manchmal, während sie unter der Erde ihren Lohn suchen, das freudebringende Licht. Bisweilen bricht ihr Weg ein, und die, die sich für ihre Füße mit fleißigen Händen Pfade bahnten, schaffen den Rückweg nicht. Die aber bei ihrer Tätigkeit vorsichtiger sind, haben ein glücklicheres Leben: arm steigen sie ab, wohlhabend kommen sie hoch. Ohne Diebstahl raffen sie Reichtümer, genießen die erhofften Schätze ohne Neid und sind die einzigen Menschen, welche ihren Preis ohne Schachern zu erhalten scheinen. Kaum, daß sie dem Tageslicht zurückgegeben sind, trennen sie jedes schwerere Teilchen durch Scheidewässer von der Mutter Erde und erhitzen es in Tongefäßen in einen voluminösen Ofen, bis es sich zur Nutzung verflüssigt. Die aus den Flammen kommenden Rinnsale reinigen sie dann mit so viel Feuer, bis sie ihre Schönheit preisgeben, die die Eingeweide der Erde verborgen hatten, damit sie nicht Ziel der Begierde seien.

4 Die Natur wird übertroffen, indem die Industrie sie verbessert![2] Schöner ist [das Gold] nach dem Brand, mächtiger nach dem Erglühen, weil es desto höheren Wert erlangt, je unverfälschter es gereinigt wird. Schon seine Herkunft ist edel, aber von der Flamme empfängt es seinen Farbglanz, daß man eher meint, aus ihr entstehe es, wirkt es doch schmuck durch die Ähnlichkeit mit ihr. Während sie aber dem Gold glänzendes Rot schenkt, überträgt sie auf das Silber weißestes Licht, so daß es wunderbar ist, daß eine Substanz [das Feuer] etwas vermittelt, was sich ganz unterschiedlichen Dingen anpassen kann. Alles, von dem

Ihr wißt, daß es zur kompetenten Ausübung dieses Handwerks dienlich ist, möge Eure Anweisung vervollständigen, damit auch das Land der Bruttier, das an Früchten reich und überreich ist, etwas findet, was es von sich als Tribut zu geben vermag. Es geziemt sich nämlich, daß unter so großen Gütern auch jene nicht fehlen, die man für die wichtigsten hält.

5 Warum soll denn, ohne gebraucht zu werden, liegen bleiben, was zu ehrbarem Gewinn dienen kann? Gold – wenn es Unrecht ist, danach mit Kriegen zu streben, gefahrvoll auf der hohen See, schandbar durch Ränke – Recht ist es, danach in seiner natürlichen Umgebung [zu streben]. Ehrbar ist Gewinn, durch den niemand verletzt wird, und wohl wird erlangt, was noch von keinen Herren beansprucht wird. Man liest, die Greifen würden immer wieder Gold ausgraben und sich am Anblick dieses Metalls erfreuen[3]; da sie ja nicht nach Gewinn streben, heißt es nicht, sie würden von verbrecherischer Gier getrieben – weil nämlich jede Handlung in der Beschaffenheit ihres Vorsatzes liegt, und nicht zu tadeln ist, was ohne Willen zügellos gerät[4]. Durch eifrige Arbeit erwachse also stetes Einkommen. Neid zu fürchten, ist unnötig: Was man Kunstfertigkeit heißt, bleibt von Sünde frei.

1 An der Südspitze Italiens. 2 »meliorat industria«: unsere Übersetzung greift scherzhaft vor; wörtlich: indem sie Fleiß verbessert. 3 Das aus Adler und Löwe gemischte Fabeltier aus dem Nahen Orient wird in der griechisch-römischen Tradition v.a. als Hüter von Goldschätzen erwähnt. 4 Ein Nachklang der antiken Intentionalethik, die im Frühmittelalter weitgehend durch Erfolgshaftung verdrängt wurde.

Recht

Im Reich der Ostgoten galten an sich die vom Herrscher verordneten Edikte für beide Bevölkerungsgruppen, Germanen wie Römer. Doch entschied Streitigkeiten zwischen Goten ein gotischer Militärrichter, zwischen Goten und Römern derselbe, jedoch unter Beiziehung eines erfahrenen Römers, und unter Römern ein römischer Magistrat.

Das ausgefeilte Recht der römischen Spätantike wurde von den gotischen Königen voll anerkannt, und was Theoderich selbst in seinem Edikt anordnete, setzt sich sehr weitgehend aus solchen Bestimmungen zusammen, ohne auf Sitte und Brauch seines Stammes, die nur mündlich tradiert waren, zurückzugreifen. Es ist ein bemerkenswerter und sonst im Mittelalter kaum anzutreffender Zug der gotischen Herrscher, daß diese nicht nur unablässig in ihrer offiziellen Korrespondenz betonten, Gerechtigkeit als oberste Richtschnur ihres Handelns gewählt zu haben, sondern dies offenbar auch verwirklichten, wie zahlreiche der Reskripte in Cassiodors Sammlung erweisen. Auch dieser selbst folgte, wie er umständlich darlegte, dieser Maxime. Freilich – wenn man dazu liest und glaubt, was der Zeitgenosse Boethius[1] über seine zahlreichen Versuche schreibt, Unschuldige vor den Fehlurteilen des Hofes zu retten, sieht die Sache schon einigermaßen anders aus.

Da die Briefe der *Variae* praktisch alle rechtsetzenden Charakter besitzen, könnte man sie stets unter dieser Rubrik behandeln. Die unten stehenden Beispiele aus dem Familienrecht und Sklavenrecht sind vielleicht besonders interessante Materien, zumal letztere die gesellschaftlichen Verhältnisse verdeutlichen und mitbestimmten. Auch die arianischen Christen dachten genauso wenig wie die Katholiken daran, irgendetwas am System der Sklaverei zu ändern – nur sollte diese unter korrekten juristischen Voraussetzungen stehen. Wiewohl das öffentliche Recht und das Kirchenrecht unterschiedliche Rechtskreise waren, beeinflußten sie einander mannigfaltig. Im letzten Beispiel werden allgemein christliche Vorstellungen als Grund für eine Amnestie Gefangener geltend gemacht. Es enthält auch eine erschütternde Beschreibung des Kerkerlebens, das Cassiodor aufgrund seiner richterlichen Funktionen in der Praxis bekannt gewesen sein muß.

1 *De consolatione philosophiae* I, 4, 10ff.

I,37 Theoderich stellt einen Ehegatten straffrei, der seine Gattin mit einem Ehebrecher in flagranti ertappt und diesen getötet hat (507/511)

Nach antiker und mittelalterlicher Auffassung war ein Ehebrecher, wer mit einer verheirateten Frau Geschlechtsverkehr hatte, da er damit den Besitzstand des Gatten angriff. Seine eigene Ehe brechen konnte ein Gatte nicht, seine Frau jedoch sehr wohl, was in verschiedenen Partikularrechten mit der Todesstrafe bedroht war. Im römischen Reich wurde seit dem ersten christlichen Imperator, Konstantin I., der Ehebruch der Frau als Verletzung der öffentlichen Sittsamkeit qualifiziert und konnte als Kapitalverbrechen mit dem Tode bestraft werden.

Im vorliegenden Fall hat ein weiter nicht Bekannter den König um sein Eingreifen gebeten, da er gerichtlich verfolgt wurde, nachdem er den Liebhaber seiner Gattin in flagranti getötet hatte (vielleicht auch die Frau, denn anders als in § 3 wird im folgenden Abschnitt 4 von Ehebrechern gesprochen). Theoderich hebt das auf Exilierung lautende Urteil auf und verbietet auch Geldstrafen, weil ein solches Verhalten nach seiner Ansicht als ganz korrekt gilt. Dies entsprach jedenfalls dem germanischen Rechtsdenken. Sicher von Cassiodor eingefügt sind die Vergleiche aus der Tierwelt, die zeigen sollen, daß Crispian nur nach Naturrecht gehandelt habe.

König Theoderich an Crispianus

1 Obschon man die Untat eines Mordes beim ersten Anhören verabscheut und die Augen der Urteilenden die blutbefleckte Hand fliehen, weil für die Gutgesinnten immer ein zum Erbarmen geneigterer Weg offensteht, ist doch gemäß juristischer Einschätzung zu erwägen, durch welches Unrecht einem das Verbrechen aufgenötigt wird. Der wird dann durch ein neues, unglückliches Schicksal allen verachtenswert, wenn er sich harmlos zurückhält. Wer könnte es nämlich ertragen, daß ein Mensch vor Gericht gezogen wird, der bestrebt war, Ehe-rechte zu verletzen?[1]

2 Den Tieren ist es angeboren, ihre Partnerin mit äußerster Heftigkeit zu verteidigen, alldieweil für alle Lebewesen das etwas Feindliches ist, was vom Naturgesetz verdammt wird. Wir sehen, wie die Stiere ihre Kühe im Kampf mit ihren Hörnern verteidigen, die Widder für ihre Schafe mit ihren Köpfen wütend stoßen, die Pferde die zu ihnen gehörigen Stuten mit Tritten und Bissen rächen: So setzen sie, die nicht von Schamhaftigkeit bewegt werden, zur Verteidigung der ihnen Verbundenen ihr Leben aufs Spiel.

3 Wie möchte es aber ein Mensch aushalten, einen Ehebruch ungesühnt zu lassen, was versäumt zu haben bekanntlich zu seiner ewigen Schande gereicht? Und daher sprechen wir Dich von der Verbannung frei, die Dir, wie feststeht, auferlegt wurde – falls Deine eingebrachte Petition sicher der Wahrheit nicht widerspricht und Du die Befleckung des Ehebettes mit dem Blute des gefaßten Ehebrechers abgewaschen hast – und Du nicht unter dem Vorwand der Beschämung eine Rechtfertigung der Grausamkeit suchst! Aus Liebe zur Keuschheit [der Gattin] vom

Leder zu ziehen heißt ja für Ehemänner nicht, die Gesetze mit Füßen zu treten, sondern diese zu befestigen.

4 So freilich [erfolgt mein Urteil], daß Du wissen sollst, Du wirst über die Art Deiner Tat verhört werden, wenn ein gesetzlicher Kläger auftritt, damit, falls Du Unschuldige getötet hast, das Verbrechen mit der Strenge des Staates ausgeschnitten werde. Wenn Du [jedoch] übel begonnene Umarmungen von Ehebrechern durch den Tod getrennt hast, ist das eher als Vergeltung denn als Schuld anzusehen.

5 Wenn Dir aber jemand von denen, die Dich anschwärzen, Schaden zufügte und Deinem Bürgen Agnellus, wie Du sagst, vom Statthalter oder seinem Amt tatsächlich Geld abgepreßt wurde, soll die Gerichtsversammlung nach unserem Geheiß das Genommene restituieren. Wir wollen nämlich nicht, daß die jemandem zur Beute werden, die zu befreien unser Spruch für richtig hielt. Gleicherweise bieten wir Dir gegen die Angriffe der Übeltäter des Candac[2] Schutz mit unparteiischer Verteidigung, auf daß er Dich weder den Gesetzen entziehe noch erlaube, daß Du nochmals etwas im Widerspruch zum öffentlichen Recht erleidest.

1 D. h.: Welcher Ehemann könnte auf die juridische Aktion warten, anstatt den Ehebrecher gleich selbst zu bestrafen? 2 Ein alanischer Name.

III,43 Theoderich befiehlt, entlaufene Sklaven zurückzustellen, und preist die Gesetze (508)

In mehrerer Hinsicht interessante Informationen bietet dieses kurze Schreiben: Einerseits die völlige Anerkennung und Bewahrung des Ius Romanum unter den Goten, die Aufrechterhaltung der antiken Sklaverei (zumal die katholische Kirche damals die größte Anzahl von Sklaven besaß), andererseits das Selbstverständnis Theoderichs, der sich durch seine rechtliche und gottgefällige Regierung von den anderen germanischen Königen abheben will.

König Theoderich an den [königlichen] Schwertträger[1] Unigis

1 Wir freuen uns, daß die gemäß dem römischen Recht leben, die wir mit Waffen zu schützen wünschen, und nicht geringer ist unsere Sorge um sittliche Angelegenheiten, als sie um militärische sein könnte. Was nützt es denn, die Barbaren erschlagen und verjagt zu haben, wenn nicht nach den Gesetzen gelebt wird?

2 Nachdem deswegen unser Heer mit Gottes Wohlwollen in Gallien einmarschiert ist: Falls sich etwa [bei dieser Gelegenheit] Sklaven in Verweigerung ihres Dienstes zu anderen begeben haben als zu denen, denen sie offensichtlich gehörten, befehlen wir, sie ohne jedes Zögern den früheren Herren zurückzustellen. Denn die Rechte dürfen nicht durcheinandergeworfen werden – das befiehlt die Gerechtigkeit –, und der Verteidiger der Freiheit[2] kann nicht die Befreiung vom Sklavendienst begünstigen!

3 Die Kämpfe anderer Könige mögen vielleicht die Beute eingenommener Städte oder ihre Ruinen anstreben – wie haben uns vorgenommen, mit Gottes Hilfe so zu siegen, daß die Unterworfenen Schmerz darüber empfinden, erst so spät unter unsere Herrschaft gekommen zu sein!

1 Ein hohes, von den Goten eingeführtes Amt. 2 Theoderich selbst – oder der »assertor libertatis«, der gerichtliche Vertreter bei Prozessen zur Feststellung des freien oder unfreien Standes.

V,30 Theoderich befiehlt die Befreiung zu Unrecht Verknechteter (523/526)

Die lokale Macht der militärischen und zivilen Amtsträger führte zu zahllosen Mißbräuchen, wie dem der Versklavung Freier, ein charakteristischer Vorgang im Prozeß der Feudalisierung Europas. Nur selten können Beschwerden darüber bis zum Ohr des Königs vorgedrungen sein.

König Theoderich an den erlauchten Guduin

Denen, die wir als Herzöge erwählen, delegieren wir richtigerweise zugleich auch rechtliche Entscheidung, denn wir wünschen, Ihr möget nicht nur durch die Waffen, sondern auch durch Eure Urteile berühmter werden. Costula und Dalia[1] mögen sich also mit Gottes Zustimmung der Freiheit unserer Goten erfreuen! Ihr laßt ihnen Sklavenlasten auferlegen, die weder sie zu erfüllen haben und die auch irgend jemandem grundlos aufzuerlegen Unrecht wäre. Wenn Du erfährst, daß dies so vor sich gegangen ist, lasse sie ohne irgendeine Verzögerung entlassen, auf daß sodann keine weitere Klage vor uns erhoben werde; auch soll nicht in unserer Gesinnung gegen den Herzog – dem es mehr geziemt, solches zum Abschluß zu bringen, als es uns freut, solches hören – die wiederaufgerollte Beschwerde schwerwiegend zu werden beginnen.

1 Ein Kelte und ein Gote.

II,19

Theoderich befiehlt die strenge Bestrafung von Sklaven, die ihren Herrn getötet haben; mit ihrer Grausamkeit werden Tiere verglichen, die andere beschützen. Die zur Abschreckung öffentlich vollzogene Hinrichtung von aufständischen Sklaven war im Imperium selbstverständlich (507/511)

König Theoderich an alle Goten und Römer bzw. jene, die die Häfen und Grenzsperren verwalten

1 Alle Verbrechen verabscheuen wir gewiß zu Recht, und alles, was unrecht ist, hört der freundlich Gesonnene mit Widerwillen, am

meisten aber das, was, durch die Vergießung von Menschenblut befleckt, unsere heftige Kritik gegen sich erregte. Wer könnte es schon ertragen, wenn in der eigenen Heimstatt Platz für Gefahren war und man dort das Ende des süßen Lebens findet, von wo Hilfe und Verteidigung hätten erstehen müssen!

2 Und daher befehlen wir mit dem vorliegenden Mandat, daß Ihr gegen die Sklaven, die in einem strafwürdigen Verbrechen ihren Herrn Stephanus ermordeten und sogar nicht einmal den Anstand besaßen, ihn richtig zu beerdigen[1], mit der Strenge der Gesetze vorgeht, auf daß jene, die von solchen besonders üblen Beispielen [zur Nachahmung] provoziert werden, davon abgehalten werden, wenn sie die Strafen sehen! Oh weh, bei den Vögeln findet man die Pietät, die von menschlichen Geschöpfen verlassen wird!

3 Selbst der Geier mit seinem so großen Leib, dem zum Leben die Leiche anderer dient, erweist sich für das kleine Geflügel nicht als gefährlich, sondern schlägt eher mit den Flügeln nach dem Habicht, der den federtragenden Vögeln nach dem Leben trachtet, zerfetzt ihn mit seinem Schnabel und bemüht sich, den Gefährdeten mit seinem ganzen Gewicht zu Hilfe zu kommen. Aber Menschen können den nicht verschonen, zu dessen Geschlecht sie selbst gehören, wie sie wohl wissen. Jener will nicht auslöschen, wovon er sich nähren könnte – die Sklaven wollten lieber den töten, der gewohnt war, sie lebenslänglich zu ernähren. Es soll also der zur Speise des frommen Geiers werden, der grausam den Tod des Hirten[2] wünschen konnte, und der von einem solchen Grab[3] aufgenommen werden, der den Herrn unbegraben ließ.

1 Sehr freie Übersetzung der sehr unklaren Formulierung »inhumatam quoque reverentiam eius funeris abiecerunt«. 2 Ein extremer Euphemismus für einen Sklavenhalter, offensichtlich wegen der Allitteration »pastus« (Speise) mit »pastor« (Hirte) verwendet. 3 Dem Magen des Geiers.

XI,40 Österliche Amnestie für Gefangene und Beschreibung des Kerkerlebens (533/537)

Der gewährte Gnadenakt wird mit der christlichen Religion begründet, offenbar in Anspielung auf den Abstieg Christi nach seiner Kreuzigung in die Hölle, aus der er die Vorväter befreite (Descensus Christi). In für die Spätantike sehr typischer Weise werden Gerechtigkeit und Nachsicht personifiziert und wie lebende Wesen angesprochen. Eine Vorliebe des Verfassers sind die Vergleiche aus der Naturwelt.

Amnestie

1 Wiewohl schon der Name Richter der Gerechtigkeit geweiht erscheint und wir den ganzen Jahreskreislauf über gehalten sind, auf den Pfaden der Gerechtigkeit zu wandeln, biegen wir doch in diesen Tagen[1] richtigerweise zum Heim der Nachsicht ab, damit wir auf dem Weg des Verzeihens zum Erlöser aller gelangen können. Von dieser Tugend pflücken wir nun sehr süße Früchte und schonen uns selbst, indem wir anderen vergeben. Denn wir sind bei gefährlichen Zuständen gerecht, bei gesicherten verzeihen wir stets! Und so lassen wir Strafen nicht zu, verwerfen die Tortur und sind damit wahrlich Richter.

2 Wohl Dir, oh Nachsicht, die Du löst und schirmst! Du bist die Schutzherrin des Menschengeschlechts, Du die einzigartige Ärztin in verzweifelter Situation, wer bedürfte Deines Wirkens nicht, ist es doch das Gewöhnliche zu sündigen? Von allen wirst Du notwendigerweise angestrebt, wenn man unter Dir die Hoffnung auf das Leben ergreift, die es unter der Gerechtigkeit nicht gibt. Alldieweil Du mit den drei anderen Schwestern[2] die Himmelsgnade genießt und ihr Euch in liebender Umarmung vereint, weichen alle, obschon sie selbst Tugenden sind, vor Dir ehrfurchtsvoll zurück, wenn sie erkennen, daß Du dem Menschengeschlecht Heil bringst. Aber was sollen wir so viel vom Wandel auf Erden sprechen, ist es doch die Nachsicht, die

auch die Himmel regiert? Oh, wäre es doch vergönnt, lange Zeit mit Dir zu verweilen!

3 Alles Anklägerische bliebe fern, und durch Vergeben geschähe es, daß Vergeben unnötig wäre. Doch scheint von der höchsten Vorsehung so Großes nur zu den heiligen Zeiten gewährt zu werden, auf daß die Welt lieber empfange, worob sie sich wegen der Neuigkeit der Sache freue. Daher stelle das dräuende Beil zur Seite, Liktor[3], dem straflos zu tun gestattet ist, was bei anderen bekanntlich gerächt wird. Schätze für kurze Zeit das blanke Eisen, nicht das blutige! Deine von Tränen nassen Ketten möge ein glücklicheres Rot[4] empfangen. Verbirg vielmehr jenes Eisen, das einzusperren pflegte[5]. Der Ton der beim Verhör todbringenden Stimmen verstumme durch besseres Geschick. So wahrst Du richtig Deinen Beruf, ohne andere zu töten. Was schaffst Du stets für die Unterwelt? Mühe Dich einmal auch für die Oberen! Muße legt Dir barmherziges Handeln auf. Es tut not, daß ihn, der für die unerbittliche Gerechtigkeit tätig ist, die wohlwollende Nachsicht entwaffne.

4 Und so möge der Kerker der Schreie, das Haus der Traurigkeit, der Wohnsitz Plutos bei den Menschen, der von ewiger Nacht blinde Ort endlich vom einstrahlenden Licht erhellt werden. Dort erduldet der Angeklagte nicht nur *eine* Folter, ist er ja, ehe er schließlich auf seinen Tod trifft, von der Oberwelt abgeschnitten: Zuerst peinigt der Schmutzgestank[6], steter Begleiter der Ketten, mit furchtbarer Strapaze; das Schreien und Klagen der anderen verstört; den Geschmackssinn lassen die langen Fasten abstumpfen; den Tastsinn verderben die drückenden Gewichte; die Augen werden in der so langen Finsternis stumpf und starr ... Es gibt nicht einen Ausweg für die Eingekerkerten: Von vielfachem Tod wird hinweggerafft, wer vom Elend des Gefängnisses gemartert wird.

5 Nun also entlasse die Angeklagten aus Deinem Avernerkrater[7] zum Leben! Sie mögen zurückgehen zu den Oberen, die die Unteren zu einem großen Teil erduldet haben. Deine Gelasse mögen von Leere erfüllet sein! Dieser Ort ewiger Tränen möge

seine einst traurigen Bewohner verlieren ([denn] von dort kommen keine, die fröhlich sind)! Dieser Platz wird dann erst Gnade haben, wenn er verlassen erscheint. Geht hinaus, Eingekerkerte, bleich vom immer nahen Tod, kehrt zurück zum Licht, Ihr, die die schwarzen Finsternisse besessen, nichts weiter zu leiden als einen erhofften Tod, wenn Euch das Ende noch nicht ereilte.

6 Doch Ihr, die Ihr durch keine Eigensucht mehr getäuscht werden sollt, verlaßt mit den Ketten die Vergehen, befreit durch die Wohltat dieser Tage! Lebt nun in Ehrbarkeit, Ihr Überlebenden, die Ihr gelernt zu sterben! Erkennt, wie wohltuend ein guter Wandel ist: der andere führte zum furchtbarsten Kerker, dieser vermag die herrliche Freiheit zu gewähren; dieser wird Dir Lebenswillen geben, jener machte, daß Du schon das Leben zu lassen wähltest. Wenn [Euch] die Gesetze festhalten, wird Euch fernerhin kein Gefängnis mehr umschließen. Vor geheimen Machenschaften erbleicht, zum Forum[8] kommt ohne Zagen!

7 Das flieht Ihr zu Recht, wodurch Ihr Trauriges ertragen mußtet; als Freie bestaune man Euch, die man als Angeklagte gesehen. Ihr müßt hassen, was Euch dem Untergang überlieferte! Sogar die Tiere wissen das zu meiden, wovon sie Schmerzen erfahren haben, sie suchen jene Wege nicht wieder auf, wo sie in eine Grube stürzten. Der einmal gefangene[9] Vogel meidet die fesselnden Schlingen, das mißtrauische Federvieh setzt sich nicht auf den haftenden Leim. Der Seewolf[10] gräbt sich in den weichen Sand ein, um der Falle des bleibeschwerten Netzes zu entgehen; wie die über ihn gezogenen Stricke seinen Rücken vergebens angekratzt, springt er munter in die Wellen und weiß befreit um die Freuden der vermiedenen Gefahr.

8 Wenn der Papageifisch, vom Köder angelockt, in den binsengeflochtenen Kerker hineinzuschwimmen beginnt, erkennt er schnell, hier zu seinem Untergang eingeladen worden zu sein: Er stellt sich auf den Schwanz und zieht sich nach und nach aus der Enge. Wenn ein anderer seiner Art merkt, daß er im Netz sitzt, zieht er mit seinem Gebiß an dessen Schwanzspitze, so daß

sich zeigt, dieser entkommt durch die Unterstützung des anderen, kann er sich auch gefangen nicht selbst helfen. So auch die Makrelen [?], eine nach ihrer Flinkheit benannte Fischart: Wenn sie sich in den geknüpften Fallen verstrickt haben, versuchen sie, den gefangenen Gefährten zu befreien, indem sie sich ähnlich wie Seile in gleicher Weise verbinden und mit aller Anstrengung nach rückwärts ziehen. Und wenn man weiter nach solchen Erscheinungen sucht, gibt es noch mehr. Alles, was Widersacher haben kann, würde doch der Untergang leicht hinwegraffen, hätte es nicht Sorge um das eigene Heil.

9 An Dich, Kerkermeister, wollen wir wieder unsere Worte richten: Ertrage es, daß Deine Strafanstalt ohne Deine Schuld geleert ist – Du wirst ja gepeinigt, weil keiner gequält wird, von den gemeinschaftlichen Freuden bleibst Du traurig ausgenommen, da man Dich allein nicht mit der allgemeinen Begnadigung schont, der Du dem bläulichen Neid vergleichbar bist. Erdulde den Schaden, da alle sorgenfrei werden, der Du Freude hattest, da viele geplagt wurden. Aber um auch Dein Jammern zu trösten, beanspruche nur jene für Dich, die das Gesetz aus Gnade nicht freigibt, damit es nicht, indem es Schurken schont, brutalste Untaten erleichtere. Wir wollen also alle amnestiert werden[11], die wir in profane Taten verstrickt sind. Jeder Mensch leidet unter etwas Gefahrbringendem, das er sich zu Schulden kommen ließ – er möge eilen, dem zu entkommen! Die Gefängnisse mögen die Angeklagten entlassen, uns mögen die Bande schlechter Gedanken frei geben!

1 Wahrscheinlich zu Ostern. 2 Glaube, Liebe, Hoffnung nach 1. Kor 13 (die sog. theologischen Tugenden)? 3 Vollzugsorgan im Strafrecht. 4 Nicht mehr das des Blutes, sondern das des Rostes. 5 Das Türschloß. 6 »pedor«, keine Fessel, wie Zimmermann 2 meint, sondern »paedor«. 7 Ein schwefeliger See in Kampanien, der als Eingang zum Hades galt. 8 D.h. in die Öffentlichkeit. 9 »capta«; Mommsen bevorzugt »cauta«, vorsichtig. 10 »pisceus lupus«, Wolffisch, ein Stachelflosser, der am Grund auf Beute lauert. 11 Von Gott.

XI,8 Cassiodors Grundsätze zur Amtsführung bei seinem Antritt des Amtes des Prätorianerpräfekten (533)

Cassiodor stellt seine Ernennung zum Präterorianerpräfekten als etwas dar, das die Bevölkerung mit Gebeten erfleht hat und freudig begrüßte. Nicht bescheiden, aber wohl treffend empfiehlt er sich in den höchsten Tönen. Die Praktiken der Vergangenheit, die Willkür der militärischen und zivilen Instanzen werden dagegen kritisiert. Gleichzeitig wirbt der Präfekt für freiwilligen Gehorsam, um sich nicht von einer anderen Seite zeigen zu müssen. Bemerkenswert ist seine Aufforderung zur Selbstdisziplinierung (§ 8): Wer die Gesetze so internalisiert hat, daß er sich an sie hält, braucht den Arm der staatlichen Exekutive nicht zu fürchten. Obgleich sich der Verfasser als Christ an Christen wendet, argumentiert er hier aber nicht religiös-moralisch, sondern nüchtern lebenspraktisch, erst am Schluß wird noch das Gottvertrauen ins Spiel gebracht.

Edikt für die Provinzen. Der Prätorianerpräfekt Senator

1 Der Alten Sitte war es, neue Rechte zu erlassen, um für die folgende Generation etwas hinzuzufügen, was zu fehlen schien. Nun aber genügt es dem Gewissen ganz, die Gesetze der Vorväter zu bewahren. Vordem war das Menschengeschlecht bei einer solchen Innovation besorgt, weil man erkannte: Der eigene Lebensgrundsatz hängt von einem fremden Willen ab! Nun aber weiß ein jeder: Feste Satzung ist, was von den Vorfahren zweifelsohne in großer Fülle angeordnet wurde. Es genügen Euch also die Rechte, wenn es nicht an wirklich gutem Willen fehlt. Was wartet Ihr mit gespitzten Ohren auf die Stimmen der Ausrufer[1], was auf die Gefahr androhenden Urteilssprüche der Obrigkeiten?

2 Dem eigenen Leben erlegt ein Maß auf, wer versteht, daß er sich selbst als Richter gesetzt ist. Bemüht Euch alle, gut zu handeln, und Ihr kennt nichts, was zu fürchten wäre! Entbrennt nicht für unerlaubte Kühnheiten, liebt es, ruhig zu leben[2] und verbringt

Euer Leben ohne Schuld! Was verderbt Ihr Ehrbarkeit durch Streit? Warum tut Ihr, worob Ihr Euch bald fürchten dürftet? Wenn Ihr nach Gewinn trachtet, vermeidet lieber schädliche Streitereien! Wenn es im bürgerlichen Konkurrenzkampf doch zu etwas kommt, seid mit den Gesetzen Eurer Heimat zufrieden! Niemand soll Aufruhr erregen, niemand zur Gewalt Zuflucht nehmen! Es ist geradezu Wahnsinn, in einer befriedeten Gesellschaft auf tumultarische Weise ein Ziel zu verfolgen.

3 Doch weil von uns als Richter ein zwar nicht richtiggehender Schrecken ausgeht, aber doch ein vernünftiger, insofern eine Gewalt, mit der man [noch] keine Erfahrungen hat, eher zu Furcht führt: Versprecht Euch, soweit es meinen Vorsatz angeht, daß mit Gottes Hilfe und der der über den Staat regierenden Herrscher[3] alles gerecht, alles maßvoll [ablaufen wird]! Erstens wird mir, was einen Richter am meisten entehrt, der Schmutz der Bestechung unbekannt bleiben – meine Worte werden nämlich nicht wie Kleider zum Verkaufe ausgehängt. Nur bei Bedarf an Gütern wird von Euch etwas erwartet, nicht aus übler Krämergesinnung; wo es doch einen mäßigen Vorkauf gibt, der die zeitliche Notdurft lindert, befehlen wir weder, daß gekauft wird, was nicht als notwendig gilt, noch ziehen wir es zur Besteuerung heran.

4 Seid nur hinsichtlich des Gewohnten besorgt, gelassen aber hinsichtlich des Neuen, weil wir den Entschluß gefaßt haben, daß nur das für uns ein Vorteil ist, wenn wir Euch mit Gottes Hilfe unbehelligt bewahren. Keiner der Soldaten soll Euch nach seinem Willen irgendwie zusetzen, kein Steuereintreiber wird Euch mit zusätzlichem Druck beschweren. Nicht nur unsere Hände werden wir unschuldig halten, sondern auch die unserer Beamten. Anders wäre es nutzlos, wenn ein guter Richter [selbst] nichts annimmt, aber vielen die Freiheit geboten hat, etwas anzunehmen. So ziehen sie nämlich nicht von uns aus, daß es scheinen sollte, sie hätten anderen zu Recht das getan, was sie erleiden würden [, falls sie sich verfehlten][4]. Verringert wurden

nämlich aus Liebe zu Euch die Ansprüche des öffentlichen Dienstes, die bisher zum Schaden aller anwuchsen.

5 An uns zeigen wir mit Gottes Hilfe Zurückhaltung, damit wir sie den Soldaten ohne Scham anbefehlen können, denn kein Spruch vermag Autorität zu besitzen, der nicht durch das Beispiel unterstützt wird, wäre es doch ungerecht, Gutes vorzuschreiben, solches aber [selbst] nicht getan zu haben. Unsere Anordnung wird also nur den öffentlichen Nutzen im Auge haben und nicht privaten Diebstahl! Wir wissen, welche Gebete Ihr für uns verströmt habt, wart Ihr doch in Angst und Spannung. Häßlich wäre es für uns, etwas zu tun, daß Ihr Euch weniger freuen, daß Ihr weniger jubeln könntet.

6 Wenn Gott zustimmt, werden unsere Ohren offen sein, die Wünsche der Bittenden anzuhören; wer einen Prozeß führt, wird uns ohne Zwang mit eigenen Augen sehen, und keine bezahlte, sondern seine eigene Zunge wird sich äußern. Uns wird nämlich weder Unterwürfigkeit leiten, noch wird von uns verehrungswürdiger Adel bemüht werden. In unsere Amtsstuben soll schließlich kein schandbares Handeln eindringen, niemand wird von uns weniger wohlhabend heimkommen, als er hergekommen ist. Unter uns gibt es keinen Unterschied zwischen dem Palastinneren und den Gerichtsbänken: Als Richter wird der Betrachter immer mich finden, wohin er auch schaut.

7 Mit Gottes Hilfe des Anstands eingedenk, hoffen wir so zu handeln, wie wir die Weisungen von den Herren des Staates erhalten haben. Ihr sollt alles, was rechtlich ist, anerkennen, so daß Ihr mich [mehr] den Vater der Provinzen sein laßt als den Richter, weil sich der beim zweiten Mal heftiger erzürnt, der am wenigsten durch ein gerichtliches Verfahren wegen Übeltaten einnimmt[5]. Denn wenn Ihr bei Benachteiligungen[6] gehorsam wart, was müßt Ihr jenem entgegenbringen, von dem Ihr wißt, daß er sich mit Engagement für Euch bemüht? Die üblichen Bezahlungen an die Soldaten, die an unserem Amtssitz arbeiten, sollen nicht verweigert werden, weil der selbst den

Weg für Ausschreitungen öffnet, der nicht das gerechterweise Zustehende auszahlen läßt.

8 Auch sollt Ihr unseren Anordnungen unparteiisch und gerecht Gehorsam zollen; aus Vernunft soll Euch Euer eigenes Wesen [dazu] bestimmen, damit Euch nicht der Schrecken der Waffen zwingen muß. Haß regt der gegen sich auf, der gerechten Befehlen widerstrebt: Wen ich schon zwingen muß, werde ich nicht lieben. Wir wollen nämlich, daß alles, was zu erledigen ist, so ausgeführt wird, daß wir Euch nicht durch einen Exekutor bedrohen lassen müssen. Wir wollen, daß die bereits von den Herrschern zugestandenen Wohltaten für Euch erhalten bleiben, ohne daß sie von irgendeiner vermessenen Übeltat zunichte gemacht werden. Wir hoffen, daß Ihr unserer Ehrbarkeit allein bei freudigem Anlaß gewahr werdet und daß Ihr Gutes für die Regierung anstrebt, die, wie man gesehen hat, für Eure Wünsche Gewähr leistet.

9 Lebt nun in Freude über die gewonnene Sicherheit; Ihr konntet mit freiwilligen Gelübden Euch den verpflichten, bei dem Zwang nicht infrage kam. Denn wer zögert, in Vertrauen auf Gott das Gerechte zu versprechen, will die Freiheit behalten zu ändern, was er nicht versprochen hat. Nehmt also als geeigneten Bürgen meiner Einstellung den Spiegel des Herzens, Abbild des Willens, auf daß ich von denen aufgrund der Güte meiner Gesittung anerkannt werde, denen ich nicht von Angesicht bekannt bin. Betrachtet mich nun vor allem in dieser Weise, in der persönlich Anwesende verborgen sind[7]. Ihr habt keinen Schaden an meiner Abwesenheit – es ist nützlicher, den Richter seiner Gesinnung nach zu kennen als nach seinem Äußeren.

1 Die die Edikte verkündeten. 2 Eigentlich die epikuräische Maxime vom Leben im Verborgenen, hier als obrigkeitlicher Befehl; später: Ruhe ist die erste Bürgerpflicht. 3 D.h. soweit der jeweilige Gotenkönig die Linie Cassiodors unterstützen würde. 4 Hypothetisch ergänzt. 5 D.h. ein unbestechlicher Richter. 6 Durch die Amtsträger vor Cassiodor. 7 Erseht aus meinem Edikt meinen Charakter; bei einer persönlichen Begegnung bliebe dieser verborgen.

VII,40 Formel zur Bestätigung einer Ehe und zur Legitimierung der Kinder

1 Ewig ist eine Wohltat, die zugunsten der Nachkommen erwiesen wird, und nichts ziemt einem König mehr, als wenn es dem Beginn des Menschen dient. Der Fall, der ans Licht treten wird, verdient keine Gegner zu haben, damit er nicht auf die Last der Härte stoße, ehe er die Freuden des Himmelslichtes finde.

2 Du bringst ein Ersuchen vor und tust kund, daß die Frau, welche angenehme Umarmung Dir verbunden hat, [mit Dir] durch unser Privileg in ehrbarer Ehe vereint werden soll, damit die von ihr geborenen Kinder den Titel von Erben erlangen. Weil nun eine spontane Verbindung alle Lebewesen zueinander gesellt, und einem jeden, was ihm gefallen hat, auch würdig zu sein scheint, ist es hart, dort Freiheit und Freizügigkeit nicht zu haben, von wo Kinder entspringen.

3 Und daher bestimmen wir, daß sie, die (wie vom Recht vorgeschrieben) erwiesener Maßen dem Stand nach nicht gleichgestellt war, zur rechtmäßigen Gattin werde und die Söhne derselben Frau, sei es, daß sie schon empfangen wurden, sei es, daß sie noch empfangen werden, die Rechtsstellung von Erben erlangen, damit Du ohne Zögern jene liebst, von denen Du weißt, daß sie frei Deine künftigen Nachfolger sind. Die Natur hat Dir nämlich Söhne geschenkt, wir aber bewirken durch diese Zusicherung, daß sie Dir die liebsten sind.

VIII,28 Athalarich befiehlt die gerichtliche Untersuchung in einem Fall möglicher Versklavung (ca. 527)

Auch Theoderichs Nachfolger war mit diesem Problem konfrontiert; obwohl es sich – falls die Beschuldigung berechtigt war – um ein schweres Verbrechen handelte, sagte er dem gotischen

Angeklagten jedenfalls die Straffreiheit zu. Also gab es doch, wie zu allen Zeiten, auch unter den ihre Gerechtigkeit so betonenden Gotenkönigen rechtliche Willkür.

König Athalarich an den erlauchten Cunigastus[1]

1 Es hat unsere Hoheit die bedauernswerte Beschwerde des Konstantin und des Venerius bewegt, mit der sie klagen, daß ihnen von Tanca[2] ein kleiner Acker aus ihrem Besitz, der Fabricula genannt wird, mit ihrem Vieh weggenommen wurde. Weiter sagen sie, daß ihnen, obschon sie Freie seien, der Status letztrangiger Sklaverei auferlegt werde, damit sie [Tanca] nicht mit Klagen zur Wiedergewinnung ihres Eigentums behelligen könnten.

2 Und daher möge Deine Erhabenheit in Befolgung gegenwärtiger Dekrete befehlen, daß der Vorgenannte zu dem ihn betreffenden Gerichtsverfahren komme, wo die Wahrheit in dem gesamten Fall zwischen den Parteien zu untersuchen ist und Ihr die mit dem Recht übereinstimmende Gerechtigkeit (wie es zu Eurer Gesittung gehört) zur Geltung bringen sollt. Denn so wie es für Herren bitter ist, von ihrem Recht zurückzustehen, so ist es unter unserer Ägide unakzeptabel, freie Nacken unter das Joch der Sklaverei niederzubeugen.

3 Wenn sie ein Verfahren zur Restituierung beantragen, soll zunächst das Entfremdete zurückgegeben werden, doch so, daß keine Prozeßpartei sich der richterlichen Entscheidung entziehe. Es soll keine außergesetzliche Vorwegnahme geben, damit die Rechtssache in richterlicher Untersuchung beurteilt werde und entweder [Tanca] die überführten Sklaven mit den zugehörigen Sachgütern besitze oder er die als Freie Erwiesenen ohne Schaden und mit allem Besitz entlasse. Es genügt nämlich, daß wir ihm, der es sich herausgenommen hat, ein Unrecht zu begehen, die Strafe nachlassen.

1 Ein Funktionär am Hofe Theoderichs. 2 Ein sonst unbekannter Gote.

Religion

Seit dem frühen 4. Jahrhundert, seit der Regierung Konstantins I., war das Christentum nicht nur zur erlaubten Religion geworden, sondern zu der vom Herrscher besonders geförderten. In den achtziger Jahren desselben Jahrhunderts erhob Kaiser Theodosius I. den Katholizismus zur Staatsreligion und verbot alle anderen Glaubens- und Kultformen. Damit war aus dem polytheistischen Römerreich das Imperium Romanum Christianum geworden.

Die Vorläufer der Westgoten waren schon in der ersten Hälfte des 4. Jahrhunderts teilweise konvertiert; ihnen gehörte der berühmte Bischof Wulfila an, der die *Bibel* in seine Muttersprache übersetzte. Wie die Christianisierung der Ostgoten verlief, ist nicht bekannt; als sie unter Theoderich Italien besetzten, waren sie jedenfalls durchgehend Angehörige dieser Religion. Ihr Christentum war nicht das katholische, sondern das arianische. Die wesentlichen Unterschiede lagen in der Trinitätsdogmatik und der Christologie: Für Arius und seine Anhänger war Christus nicht wesensgleich mit Gott Vater, sondern sein erstes Geschöpf, von diesem vor der Entstehung der Welt geschaffen. Der Sohn hat damit seine Göttlichkeit nicht aus sich selbst, sondern sie wurde ihm vom Vater geschenkt. Gotisch und Arianisch war für die italischen Katholiken praktisch eins.

Das Thema Religion spielt bei Cassiodor eine geringere Rolle, als man vielleicht angesichts der kirchlichen Überlieferung über diese Epoche meinen möchte, die im lateinischen Schrifttum mehr und mehr Gewicht erhält, bis noch im 6. Jahrhundert die profane Literatur praktisch versiegt. Freilich wird immer wieder formelhaft darauf verwiesen, alles geschehe nur mit Gottes Einwilligung, doch ist der Glaube noch kein so alles durchdringender Bestandteil des täglichen Lebens wie im weiteren Mittelalter. Vielmehr herrscht in den *Variae* noch die Zurückhaltung gegenüber einer transzendenten Deutung des Alltagslebens, welche die meisten antiken Autoren zeigten, wenn sich der Verfasser auch ausdrücklich als frommer und papsttreuer Katholik präsentiert.

Immerhin erfährt man z. B. von einem paganen Heiligtum, das nun zu einem christlichen Kultort geworden ist, ein ganz üblicher Vorgang beim Religionswechsel, oder vom Brauch der städtischen Schichten, die Toten in einem Sarkophag zur letzten Ruhe zu betten, auch wenn dies besonders kostspielig war – und solche Kunstwerke sind ja gerade aus Ravenna noch erhalten.

Doch hat für die gotischen Herrscher und ihren Minister Religion – wie auch später so oft – deutlich die innenpolitische Funktion, Ruhe und Ordnung in der gläubigen Bevölkerung zu stärken. Daher auch die Kontrolle der Wahlen des Papstes. Während vonseiten des arianischen Herrschers gegenüber der katholischen und der jüdischen Religion bemerkenswerte Toleranz gezeigt wurde, ist die Einstellung der Magie gegenüber unnachsichtig: Sie wurde verfolgt, wie schon in der Kaiserzeit und auch in den anderen germanischen Reichen.

III,19 Theoderich erteilt einem Daniel das Privileg zum Sarkophagverkauf und fordert preisliche Mäßigung (507/511)

Auch der Totenkult der spätantiken und mittelalterlichen Christen war eine kostspielige Sache, speziell für jene Wohlhabenden, die ihre Angehörigen in marmornen Grabstätten zur Ruhe betten wollten. Anscheinend veranlaßte Preistreiberei den König, dieses Geschäft in die Hände eines einzigen (sonst unbekannten) Bildhauers namens Daniel zu legen und mitfühlend eine angemessene Preisgestaltung zu verlangen.

Mandat König Theoderichs an Daniel

1 Es geziemt sich, die unserem Palast Dienenden mit gerechten Vergütungen zu ermutigen, weil öffentliche Arbeit einträglich sein muß, damit wir – wiewohl uns von Rechts wegen kostenloser Dienst geschuldet wird – diesen Dienst durch wenn auch moderate Entlohnung fördern. Und daher, ergötzt von Deiner Kunstfertigkeit, die Du beim Ausmeißeln und Schmücken des Marmors sorgfältig ausübst, gestatten wir durch vorliegende Weisung, daß unter Deiner vernünftigen Leitung die Sarkophage verteilt werden, die man in der Stadt Ravenna zur Aufnahme der Verblichenen einzeln verkauft. Durch diese gute Einrichtung sind die Leichen oberirdisch bestattet: eine nicht geringe Tröstung der Trauernden, wenn nur die Seelen aus dem weltlichen Treiben scheiden, die Körper aber die einst lieben Hinterbliebenen nicht verlassen.

2 Ihr Schmerz wird so für manche [andere] zum Vorteil, und es wächst durch die Art des kummervoll Gewünschten[1] für die Kaufleute aus dem Tod von Menschen der Gewinn – doch nur so, daß die Belastung bei dieser Gelegenheit nicht unangemessen sei, daß die Armen nicht gezwungen werden, unter der bitteren Trauer [auch noch] sehr hohe und ungerechtfertigte Ausgaben aus ihrem Vermögen zu beweinen! Sie sollen weder, verstrickt durch ein unrichtiges Gelöbnis, gedrängt werden, ihr Erbe für die Toten zu verlieren, noch, die geliebten Leiber eher unter Schmerzen in billige Gruben zu werfen. Ein Maß gelte in der Gesinnung der Fordernden, wie es doch das Mitleid für die Käufer selbst entstehen läßt. Denn wem offensichtlich bei der Erfüllung frommer Pflicht mehr auferlegt ist, der darf weniger geschädigt werden.

1 Die Sarkophage.

II,27 Theoderich erlaubt den Genueser Juden, ihre Synagoge neu einzudecken (507/511)

Die Juden wurden zwar traditionell im römischen Reich als Vertreter einer erlaubten Religion angesehen und wurden auch noch nach der Christianisierung geduldet, doch als einzige ›Ungläubige‹ nur ungern. Sie waren durch manche Einschränkungen betroffen, z. B. blieb ihnen seit dem 5. Jahrhundert der öffentlich Dienst verwehrt. Unter den Goten besserte sich die Lage der Juden etwas im Vergleich zu den vorhergehenden Jahren unter katholischen Herrschern[1], aber bloß Bauarbeiten an einer Synagoge erforderten schon herrscherliche Erlaubnis (wohl gegen die Opposition des Ortsbischofs).

1 Vgl. Brennecke.

König Theoderich an alle in Genua lebenden Juden

1 Wie wir, wenn man uns um Gerechtes gebeten hat, unsere Zustimmung gewähren wollen, so lieben wir es nicht, daß die Gesetze vermittels unseres Wohlwollens umgangen werden. Und das besonders in jenem Teil, der nach unserem Glauben den Respekt vor Gott betrifft. Wer von der göttlichen Gnade verlassen ist, sollte also nicht den Anschein erregen, stolz und frech zu sein! Daher gestatten wir Euch mit gegenwärtiger Erlaubnis nur, den alten Mauern Eurer Synagoge ein Dach aufzusetzen, indem wir Euren Bitten so weit zustimmen, wie es die kaiserlichen Gesetze erlaubt haben. Es wird nicht gestattet, irgend einen Schmuck hinzuzufügen oder darüber hinaus das Bauwerk zu erweitern.

2 Und seid gewiß, daß Ihr der Strenge der alten Strafe nicht entgeht, wenn Ihr Euch nicht des Gesetzesbruchs enthaltet! Zur Überdeckung oder Abstützung der Mauern geben wir nur die Erlaubnis, wenn Euch nicht möglicherweise die Vorschrift der dreißig Jahre[1] entgegen ist. Was erstrebt Ihr das, vor dem Ihr flüchten solltet? Wohl geben wir die Erlaubnis, mißbilligen aber lobenswerter Weise den Wunsch der Irrenden. Eine Religion

können wir nicht verordnen, denn niemand wird gezwungen, wider Willen zu glauben.

1 Siehe folgende Anm.

V,37 Theoderich nimmt die Mailänder Juden vor christlichen Übergriffen in Schutz (523/526)

Wie schon vordem kam es auch zu Zeiten der Goten zu Übergriffen gegen die jüdischen Minderheiten; in der alten Hauptstadt verbrannte man sogar die Synagoge bei einem Aufruhr. Wenn die Hebräer von Theoderich in Schutz genommen wurden, dann freilich vor allem zu dem Zweck, die innere Ruhe in seinem Reich zu gewähren; ähnlich hatten sich frühere Imperatoren verhalten.

König Theoderich an die Mailänder Juden

1 Gern gestatten wir, was ohne Verletzung der Gesetze gefordert wird, besonders um die bürgerliche Ordnung zu wahren, weil nicht einmal jenen die Wohltaten der Gerechtigkeit zu verweigern sind, von denen man weiß, daß sie noch im Glauben irren. Doch dazu sollen sie den höchst angenehmen Geschmack harmonischer Verhältnisse kennen lernen, damit sie, welche die menschliche Gerechtigkeit zu suchen sich mühen, einläßlicher die Urteile Gottes zu bedenken anfangen.

2 Da Ihr nun häufig Klage führt, daß Ihr durch die Ausschreitung gewisser Leute zerfleischt werdet, und Ihr behauptet, daß die zu Eurer Synagoge gehörigen Rechte beschnitten werden, wird Euch der angeforderte Schutz unserer Güte helfen, auf daß kein Vertreter einer Kirche das, was von Rechts wegen Eurer Synagoge zusteht, unter Anwendung von Gewalt attackiere noch sich mit rücksichtsloser Aggressivität in Eure Angelegenheiten mische. Aber sie [Juden und Christen] sollen wie beim religiösen Kultus

so auch im alltäglichen Leben und Handeln getrennt sein! Bei der Einräumung der Wohltat unserer fürstlichen Hilfe gilt freilich die Einschränkung, daß auch Ihr nicht versucht, unstatthaft anzugreifen, was zur Gerechtsame vorgenannter Kirche oder rechtlich ganz eindeutig zu den Kirchenleuten gehört.

3 Die Vorschrift der dreißig Jahre[1] aber – ein Schutz für das Menschengeschlecht – wird Euch mit demselben Recht wie allen anderen Sicherheit gewähren. Wir schreiben auch vor, daß Ihr keine unvernünftigen Zinsbelastungen ertragen müßt, damit sich Euer Ansuchen, ausgestattet mit dieser Schutzschrift unseres Wohlwollens, der Befreiung von unerlaubten Benachteiligungen erfreue. Wir gewähren also in unserer gewohnten Milde, was Ihr erbeten habt. Aber was, oh Jude, suchst Du flehentlich um zeitliches Ausruhen nach, wenn Du nicht die ewige Ruhe finden kannst?

1 Eine Verfügung des *Edictum Theoderici* (12; 69), nach der man einen Besitz, der dreißig Jahren ohne juridische Anfechtung geblieben war, nicht mehr anfechten konnte.

IV,22 Theoderich befiehlt die Strafverfolgung von Magiern (510/511)

Basilius und Praetextatus, zwei Angehörige der römischen Oberschicht (die näher nicht bekannt sind) werden der Ausübung magischer Künste bezichtigt, was Theoderich dazu bewegt, eine genaue und unparteiische Untersuchung anzuordnen. Es handelt sich um ein Verbrechen, das in der vorchristlichen Kaiserzeit nur so weit unter Strafe gestanden war, als es sich um Schadenzauber handelte. Die christlichen Kaiser des 4. Jahrhunderts machten daraus ein generelles Religionsvergehen und verfügten den Feuertod als Vergeltung.

König Theoderich an den erlauchten Patrizier Argolicus

1 Es ist ein unerträglicher Exzess, der der Himmelsmajestät Unrecht tut und, der Frömmigkeit vergessend, grausamem Irrtum nachläuft! Welchen Raum darf der für Vergebung hoffen, der den verehrungswürdigen Schöpfer verachtete? Ein nunmehr[1] profaner Ritus weiche aus unserer Mitte! Es schweige das strafwürdige Gemurmel [dieser] Seelen[2]! Die magischen Künste auszuüben ist in christlichen Zeiten nicht erlaubt!

2 Wir haben also durch den Bericht Deiner Erhabenheit erfahren, daß Basilius und Praetextatus, schon lange durch die Berührung mit [dieser] üblen Kunst beschmutzt, Dir durch die Aufmerksamkeit von [einigen] Personen zur Anklage vorgeführt wurden: Du mögest sie examinieren. Du betonst, daß Du hinsichtlich dieser Angelegenheit unseren Spruch erwartest, auf daß mit ganzem Vertrauen geschehe, was unsere Frömmigkeit und Autorität anordnet.

3 Wir aber, denen jedes Abweichen von den Gesetzen unbekannt ist, denen es am Herzen liegt, allenthalben Gerechtigkeit mit Mäßigung auszuüben, entscheiden durch gegenwärtiges Mandat, daß Ihr mit fünf Senatoren[3], nämlich den erlauchten Patriziern Symmachus, Decius, Volusanus und Caelianus sowie dem Senator Maximian diesen Fall in gerichtlicher Prüfung erwägt; und geht in jeder Hinsicht nach Gesetz und Recht vor! Wenn das angegebene Verbrechen bewiesen wird, möge es auch von der Strenge der Gesetze[4] selbst getroffen werden, damit verborgene und unerkannte Verbrecher, welche vor Gericht zu ziehen unsicherem Wissen nicht möglich ist, durch diese Art der Vergeltung von solchen Verfehlungen abgehalten werden.

4 Über diese Sache haben wir dem erlauchten Grafen Arigern Anweisungen gesandt, daß er, ohne daß die gewaltsame Verteidigung irgendeines [von ihnen] in Frage kommt, die Angeklagten vor den Richter ziehe und, mit Euch in dieser Sache zu Gericht sitzend, weder Unschuldige unterdrücken lasse noch es dulde, daß Verbrecher den Gesetzen entkommen.

1 Nach der Erklärung des Christentums zur Staatsreligion. 2 Der Zauberformeln murmelnden Magier. 3 Ein solches Fünfergericht aus Senatoren wurde nur gegen hochrangige Verdächtige einberufen. 4 In diesem Fall wahrscheinlich Gütereinziehung und Verbannung.

IV,23 [Fortsetzung] (510/511)

König Theoderich an den erlauchten Grafen Arigern

1 Wie sehr es ziemlich ist, daß Du die Dir übertragene Wahrung der Disziplin der Stadt Rom in jeder Hinsicht achtest –, Du mußt darin vornehmlich mehr Eifer zeigen, was Dir, wie Du weißt, von unserer Autorität aufgetragen wurde, damit die beschützte Justitia ihr Wohlwollen zu Dir vermehre und Du unser Urteil über Dich [noch] verbesserst, der Du uns bisher Deiner Integrität halber gefielst.

2 Der Stadtpräfekt also hat uns in seinem Bericht erklärt, Basilius und Praetextatus würden von der Anklage vieler als verwickelt [in die Ausübung] der magischen Künste angegriffen. Er teilt mit, sie seien entkommen[1], da die Wächter in geistige Umnachtung verfielen. Wir befehlen Dir, sie, wo auch immer sie gefunden werden, vor das Gericht der fünf Senatoren zu bringen, an das unsere Autorität die bewußte Sache delegiert hat und bei dem auch Du nach unserer Ansicht tätig bist, damit Du diesen Fall gemäß der Gesetze erörtern und beenden läßt, ohne daß die gewaltsame Verteidigung von irgendeinem in Frage kommt.

3 Und wenn jenen das Verbrechen, dessen sie angeklagt sind, nachgewiesen wird, soll sie der Spruch treffen, den die gesetzlichen Statuten verhängt haben. Wird aber ihre Unschuld von verachtenswertem Neid angefochten, darfst Du keinesfalls dulden, daß sie [darunter] leiden, weil wir in allen Fällen wollen, daß das in religiöser Hinsicht geschieht, was die gute Meinung von unserer Frömmigkeit vermehrt.

1 Einer der beiden wurde nach ein paar Tagen im Klosterasyl von den Brüdern verstoßen, nach Rom zurückgebracht und von glaubenseifrigen Christen gelyncht.

VIII,33 Beschreibung des lukanischen Cypriansmarktes und seines Wasserwunders; Anordnung von Gegenmaßnahmen gegen räuberische Bauern vor Ort (um 527)

Eigentlich sollte dieses Schreiben nur die kriminellen Umtriebe der Anwohner stoppen; Cassiodor schob jedoch einen bewundernden Bericht über das Heiligtum und seine Mirakelquelle ein[1]. Es spricht alles dafür, daß hier wie so oft ein älterer Kult verchristlicht wurde, in diesem Falle durch die Umfunktionierung zu einem Baptisterium (306/309). Dazu gehörten schon zuvor eine heilige Quelle sowie Tiere, auf denen ein Tabu lag. Sowohl von Strafwundern ist die Rede als auch von mirakulöser Naturbeherrschung durch die Worte des Priesters, aber auch der weltliche Aspekt, das Markttreiben, wird kurz skizziert. Der König beauftragt nicht nur seinen Beamten mit Polizeiaufgaben, sondern durch ihn auch die ortsansässigen Grundherren und Pächter. Damit tritt der Staat wichtige Aufgaben an Private ab, und die Grundbesitzer sollten speziell auf dieser Basis zu den Feudalherren des Mittelalters werden.

1 Vgl. zu diesem Brief Barnish, Religio.

König Athalarich an den erlauchten Severus[1]

1 So wie es Zeichen des Klugen ist, Unbekanntes wissen zu wollen, so ist es Wahnsinn, das Bekanntgewordene zu verheimlichen, speziell in einer Zeit, wo etwas Schädliches zu einer sehr raschen Korrektur gebracht werden kann. Wir wissen, da es uns häufig bestätigt wurde, daß bei einem Treffen in Lukanien, das nach altem Aberglauben den Namen Leucothea[2] bekam (weil dort

das Wasser außerordentlich hell und durchsichtig ist), durch die verbrecherische Frechheit der Bauern die Güter der Händler oft feindselig geraubt und zerstört werden, so daß die, die ganz fromm das Fest des hl. Cyprian zu feiern und mit ihren Waren das bürgerliche Leben zu bereichern gekommen waren, schändlich als Bedürftige und Ausgeplünderte schieden.

2 Wir sind zu der Ansicht gelangt, daß dies durch ein einfaches und leicht zu bewerkstelligendes Mittel zu korrigieren ist: Euer Ehren möge zum vorgenannten Zeitpunkt gemeinsam mit den Grundbesitzern und Pächtern der verschiedenen Landgüter für Ruhe unter den Zusammengekommenen durch eine vorausschauende Vorsichtsmaßnahme sorgen, so daß er [gar] keine der brutalen Untat Angeklagten [mehr] finde, die die Strafe erfaßt. Wenn irgendeiner der Bauern oder ein Mann von irgendeinem Ort ruchlosen Streites wegen gekommen ist, soll er gleich zu Beginn ergriffen und anschließend der rächenden Auspeitschung unterworfen werden; öffentlich ausgestellt soll er seinen bösen Willen bessern, der zuvor versuchte, insgeheim die Untat ins Werk zu setzen.

3 Es ist nämlich dieses Treffen sowohl ein Fest von außerordentlicher Feierlichkeit als auch sehr ertragreich für die umliegenden Provinzen. Was nämlich vor allem das fleißige Kampanien schickt oder die wohlhabenden Bruttier oder die an Vieh reichen Kalabrier oder die geschickten Apulier oder die Provinz selbst haben kann, wird ausgestellt zur Zierde jenes besonders schönen Marktes, daß man zu Recht urteilen kann, eine so ungeheure Menge wurde aus vielen Regionen zusammengebracht. Man kann dort auch weite Felder mit den schönsten Ständen leuchten sehen, und Häuser, rasch für den Augenblick aus lieblichem Laub zusammengeflochten, und das Getümmel der frohen, singenden Leute.

4 Wenn man dort auch kein Mauerwerk erblickt, sieht man doch den Schmuck einer sehr berühmten Stadt. Knaben und Mädchen sind dort vorhanden, die unterschiedlich nach Geschlecht und Alter Aufmerksamkeit erregen. Sie hat nicht Gefangenschaft

käuflich gemacht, sondern Freiheit – die Eltern verkaufen diese berechtigterweise, da sie ja von ihrer dienenden Stellung profitieren. Es ist ja nicht zweifelhaft, daß es denen als Sklaven besser gehen kann, die von der Landarbeit zum Dienst in der Stadt transferiert werden[3]. Was soll ich die Kleidung erwähnen, durch zahllose Vielfalt[4] unterschieden? Was, wie das sehr fette Vieh verschiedener Rasse glänzt? Hier steht alles mit einer solchen Preisgestaltung zur Verfügung, daß man auch den zögerlichsten Käufer einlädt. So kommt niemand von diesem Handel unzufrieden zurück, wenn alles eine des Beifalls werte Disziplin ordnet.

5 Dieser Ort ist auch ganz erfüllt von lieblichen Gefilden, ein Vorort der sehr alten einstigen Stadt Consilinum[4], die den Namen Marcellianum vom Gründer der heiligen Brunnen erhielt. Hier bricht eine solche Fülle an klarem und süßem Wasser hervor, daß man meinen möchte, der See entleere sich, von dem man nicht bezweifelt, daß er ganz voll ist. Er ist bis zum Grund so durchsichtig, daß man urteilen möchte, keine Wasser erscheinen dem Blick, sondern Luft. Das ganz reine Wasser wetteifert mit dem hellen Tageslicht, denn was immer ganz unten geschieht, zeigt sich in ungehinderter Klarheit den Augen.

6 Sehr fröhlich spielen dort die Fischschwärme, die so furchtlos zu den Händen der sie Fütternden kommen, als ob sie wüßten, daß man sie nicht fangen darf. Denn wer sich etwas dergleichen zu tun herausnehmen wollte, unterliegt bald, wie man weiß, göttlicher Strafe. Zu lange wäre es, das Bemerkenswerte an dieser Quelle zu beschreiben. Kommen wir zu jener einzigartigen Gabe, zu jenem heiligen Wunder:

7 Denn wenn am Termin der geheiligten Nacht[6] der Priester beginnt, das Taufgebet fließen zu lassen, und aus seinem geheiligten Munde die Predigtströme quellen, dirigiert die hinauf sprudelnde Woge ihre Wasser nicht auf die gewohnten Wege, sondern schickt sie als Wellenkamm in die Höhe. Es erhebt sich das seelenlose Element von selbst und bereitet sich wie in feierlicher Ehrerbietung wundersam vor, damit die Heiligung

der Majestät dargetan werden kann. Denn während der Quell selbst fünf Stufen bedeckt und diese nur in der Ruhe innehat, sieht man, wie er um zwei weitere wächst, von denen man weiß, daß er sie außer zu jener Zeit nie überflutet. Es ist ein großes und staunenswertes Wunder, daß diese Wasserfluten so gemäß der menschlichen Reden entweder halten oder wachsen, so daß man glauben möchte, sie seien nicht unfähig, eifrig zuzuhören.

8 Es möge dieser Himmelsquell durch allgemeines Gespräch [über ihn] verehrungswürdig werden: Auch Lukanien möge seinen Jordan besitzen! Dieser schenkte uns das Beispiel der Taufe, jener bewahrt jedes Jahr das heilige Mysterium in Frömmigkeit. Daher soll sowohl die Ehrfurcht vor dem Ort wie auch der sachliche Nutzen den Leuten einen höchst geheiligten Frieden bieten, denn nach dem Urteil aller gilt jener als der schlimmste Verbrecher, der die Freuden solcher Tage frech anficht. Das, was wir gesagt haben, möge vor dem Volk verlesen und dargelegt werden, damit, wenn sie darauf vertrauen, daß die Vergeltung nicht fehlt, [von ihnen] nach keiner Möglichkeit zur Gesetzesübertretung gesucht wird!

1 Der Gouverneur von Bruttien und Lukanien mit dem Titel »corrector«. 2 Eine griechische Meergöttin; die süditalische Bevölkerung war großteils griechischstämmig. 3 Wiewohl es sich schon nach der Wortwahl wahrscheinlich um den üblichen Verkauf in die Sklaverei handelte, hat man es auch für denkbar gehalten, daß die Kinder nur als Leiharbeiter dienen sollten. Das *Edictum Theodorici* § 94f. besagt, daß trotz des (legitimen) Verkaufs durch die Eltern die Freiheit der Kinder bestehen bleibe. 4 Oder: Buntheit. 5 Heute: Sala Consilino in der Provinz Salerno. 6 Am Fest des hl. Cyprianus von Karthago, dem 14. September.

IX,16 Athalarich bekräftigt den Senatsbeschluß, daß eine Papstwahl ohne Simonie verlaufen muß (533)

Das folgende Dokument zeigt deutlich, inwieweit das Papsttum damals unter der Kontrolle des Staates stand (wie sie im Osten der Kaiser noch dezidierter über die Orthodoxie ausübte). Nach dem Tode von Papst Bonifatius II. am 17. Oktober 532 war es zu heftigen Kontroversen um seine Nachfolge gekommen, wobei Stimmenkauf und Wahlbestechung eine bedeutende Rolle spielten. Auch die Gelder für die Armen und die Kirchenschätze wurden nicht geschont. Am 2. Januar 533 konnte schließlich ein Kompromißkandidat, der Priester Mercurius von S. Clemente, den Thron Petri besteigen, wobei er den Namen Johannes II. annahm. Er war genötigt, »sogar die heiligen Geräte aus den Kirchen feilzubieten, um seinen vor der Wahl eingegangenen Verpflichtungen nachkommen zu können.«[1]

Was sich hier abspielte – und in der Geschichte des Papsttums immer wieder abspielen sollte – bezeichnet das Kanonische Recht als Simonie, den prinzipiell illegitimen Kauf von geistlichen Ämtern. In diesem Fall rief die Feilscherei unter den Priestern sowohl den Senat auf den Plan, der bereits die Designation eines Nachfolgers durch einen lebenden Papst unter die Strafe der Verbannung und Vermögenseinziehung gestellt hatte, als auch den Gotenkönig. Als Arianer war dieser kaum am religiösen Wohlergehen der Katholiken interessiert, sondern wollte vor allem vermeiden, daß vielleicht durch Geld ein probyzantinischer Heiliger Vater an die Spitze der Katholiken treten könne. Er fügte daher dem senatorischen Beschluß noch ein Edikt über die Höchstsummen hinzu, die bei der Wahlwerbung bzw. diesbezüglichen gerichtlichen Streitereien ausgegeben werden durften. Diese beiden Gesetze sind es, die dann, in Stein gemeißelt, zur Demütigung und Belehrung der Priesterschaft vor der katholischen Hauptkirche aufgestellt wurden.[2] Athalarich blieb damit in den Spuren seines Vaters, der nötigenfalls durch einen eigenen Beauftragten in die römischen Kirchenkonzilien hineinregierte.

1 Hartmann, S. 238f. 2 Vgl. Harnack.

König Athalarich an den erlauchten Stadtpräfekten Salventius

1 Eine angenehme Sache ist es, unter allen das künftig Nützliche zu verbreiten, auf daß eine allgemeine Freude werde, was man [wohl] wünschen konnte. Andererseits weiß man: Es kann Grund für ein Übel sein, wenn Wohltaten eher verheimlicht werden. Schließlich hat der höchstmächtige Senat bereits, willens, von seinem Glanz den Fleck häßlichsten Verdachtes auszulöschen, mit vorausschauender Erwägung bestimmt, niemand solle sich bei der Weihe eines hochseligen Papstes mit schauderbarer Gier beschmutzen. Auch wurde eine Strafe festgesetzt, [wenn] jemand dergleichen unternehmen sollte. Nicht zu Unrecht, weil [erst] dann wirklich der Wert des Gewählten gesucht wird, wenn [dabei] die Liebe zum Geld keine Rolle spielt.

2 Indem wir dies loben und das Gefundene mehren, haben wir an den hochseligen Papst Konstitutionen gesandt, die über die vorher eingebrachten erstrahlen, damit profane Amtserschleichung von der Ehre der heiligen Kirche genommen werde. Wir wollen, daß Ihr dies ohne jede Verzögerung zur Kenntnis des Senats und des Volks von Rom bringt, auf daß allen ans Herz gelegt sei, was, wie wir wünschen, von allen mit Eifer bewahrt werde.

3 Damit aber diese fürstliche Wohltat sowohl den jetzigen wie den künftigen Generationen gegenwärtig sei, schreiben wir vor, daß sowohl unsere Weisungen wie die Senatsbeschlüsse in passender Weise auf Marmortafeln eingemeißelt werden und vor das Atrium [der Kirche] des seligen Apostels Petrus zu öffentlichem Zeugnis aufgestellt werden. Dies ist nämlich ein Ort, würdig, sowohl unser glorreiches Geschenk als auch die lobenswerten Dekrete des höchstmächtigen Senats zu tragen. Bezüglich dieser Sache haben wir jenen [Amtsträger] abgeschickt und wollen, wenn er zurückkehrt, wissen, daß das Befohlene erledigt ist. Im Ungewissen ist nämlich offenbar der hinsichtlich seiner Anordnungen, dem das Ergebnis der Angelegenheiten zu spät zur Kenntnis gelangt.

X,26 König Theodahad positioniert sich Byzanz gegenüber zuvorkommend in religiösen Angelegenheiten: Ein Kloster wird von der Steuer entlastet, ein Religionswechsel toleriert (535)

Der schwächliche Theodahad konnte auch durch Nachgiebigkeit den Wünschen des oströmischen Kaisers gegenüber, von denen der vorliegende Brief eine kleine Probe gibt, nicht verhindern, daß dieser mit der militärischen Wiedervereinigung Italiens mit Byzanz begann. Das Schreiben bezeugt auch die Existenz von vorbenediktinischen Frauenklöstern in Italien und die Möglichkeit, zwischen Arianismus und Katholizismus zu konvertieren.

König Theodahad an den Kaiser Justinian

1 Wir haben verstanden, daß die Gunst Eurer Erlauchtheit reicher ist als alle Geschenke, wenn Ihr uns ermahnt, das zu tun, was gänzlich zu unserem Vorteil beitragen kann. So ist freilich der Wille eines [uns] stets Geneigten, daß Ihr wollt, wir sollen Angelegenheiten der Barmherzigkeit vorantreiben, welche uns der göttlichen Macht zu empfehlen vermögen.

2 Und daher bedeuten wir Euer Ehren hinsichtlich des Klosters der Gottesdienerinnen[1], von dem Euch berichtet wurde, es leide an drückenden Tributpflichten, weil seine Landwirtschaft von einem sehr starken Hochwasser überschwemmt wurde und sie schlimmerweise wegen des feindlichen Nasses keinen Ertrag mehr erbringt, daß wir also dem erhabensten Prätorianerpräfekten [Cassiodor] Senator den Befehl erteilt haben, daß sich nach seiner umsichtigen Weisung ein sorgfältiger Inspektor zu jenem Grundstück hinbegebe, das die Beschwerde betrifft. Er soll nach passender Untersuchung und Erwägung der Sachlage mit Vernunft abstellen, was für eine Beschwernis auch immer auf der Besitzung lasten kann, damit so deren Eigentümerinnen wieder eine adäquate und hinreichende Nutzung haben können. Wir nämlich halten wahrlich das für un-

seren kostbarsten Gewinn, was wir aufgrund eines Wunsches Eurer Güte gestatten.

3 Was weiter die Angelegenheit Ranhildes[2] betrifft, bezüglich derer Eure Erhabenheit mich zu erinnern sich herabgelassen hat: Obwohl es sich vor langer Zeit unter der Regierung unserer Verwandten ereignete, war es dennoch für uns notwendig, die Sache aufgrund eigener Großzügigkeit auszugleichen, damit sie der Religionswechsel aufgrund dieser Tat nicht gereue.

4 Ein Urteil über ihre Angelegenheiten nehmen wir uns freilich nicht heraus, da wir keinen speziellen Auftrag haben. Denn weil die Gottheit es zuläßt, daß es verschiedene Religionen gibt, wagen wir es nicht, eine anzubefehlen. Wir haben nämlich gelesen, wie wir festhalten wollen, daß dem Herrn freiwillig zu opfern sei[3], nicht aufgrund des Befehls eines Machthabers. Wenn dies jemand anders zu handhaben versucht, wird er sich offensichtlich dem Geheiß des Himmels entgegenstellen![4] Zu Recht lädt uns also Eure Frömmigkeit zu dem ein, was uns die göttlichen Weisungen vorschreiben.

1 Nicht identifiziert. 2 Eine Konvertitin zwischen Arianismus und Katholizismus. 3 Ps. 53, 8. 4 Kritik an der intoleranten Religionspolitik der Byzantiner.

XI,2 Cassiodor bittet Papst Johannes II. eindringlich um geistlichen Beistand und legt ihm nahe, für seine Herde zu sorgen (533)

Dieses Schreiben richtete Cassiodor anläßlich seiner Ernennung zum Prätorianerpräfekten an den Papst, es wiederholt seine Bitten. Darin kommt einerseits die hohe Stellung zum Ausdruck, die der Bischof von Rom bereits unter den Katholiken genoß, andererseits die durchaus ernst gemeinte Vorstellung, das fromme Handeln des Klerus würde Gott konkret zur Vergabe irdischer Vorteile motivieren. Einige Formulierungen zeigen, wie groß die religiöse Toleranz der arianischen Gotenkönige war, wenn man sich als ihr leitender Minister so demonstrativ als Katholik äußern konnte.

Senator an Papst Johannes

1 An Euch ist die Bitte zu richten, seligster Vater, daß wir fühlen, die Freude, die wir durch Euch als Geschenk Gottes empfangen haben, werde uns durch Eure Gebete bewahrt. Wer könnte denn daran zweifeln, daß unser Wohlergehen Euren Verdiensten zuzuschreiben ist, wenn wir, die wir vom Herrn geliebt zu werden nicht verdienen, eine Ehre erlangen und wir durch einen Amtswechsel Gutes erhalten, obschon wir dergleichen nicht betreiben? Durch das Fasten in den Kirchen ist der allgemeine Hunger vertrieben worden, durch schöne Tränen schied die häßliche Traurigkeit, und durch heilige Männer wurde eine Verminderung längerer Beschwernisse beschleunigt.

2 Und also mit allem geschuldeten Respekt grüßend, bitte ich, daß Ihr noch eifriger für das Heil der Herrscher[1] betet, auf daß der Himmelsfürst ihnen langes Leben schenke, die Feinde des römischen Staates schwäche, ruhige Zeiten gewähre, weiter, daß er uns die nötige Fülle aus den Speichern seines Überflusses spende, was den Frieden ziert, und daß er mir, Eurem Sohn, Verstand und Sinne eröffne, damit ich verfolge, was wirklich nützlich ist, aber fliehe, was zu meiden ist.

3 Vernünftige Seelenstärke möge uns beraten, das Antlitz der Wahrheit sich erhellen, damit nicht die Dunkelheit des Leibes unseren Geist umneble. Dem wollen wir folgen, was in uns ist, um nicht uns entfremdet zu sein; was nach wahrer Weisheit schmeckt, soll uns unterrichten, was von himmlischer Helle widerstrahlt, uns erleuchten. Einen solchen Richter möge somit das öffentliche Amt [in uns] empfangen, wie ihn die katholische Kirche als ihren Sohn entsendet. Auch möge uns heilige Tugend in ihren Diensten behüten, weil wir dann heftigere Nachstellungen des alten Feindes[2] durchmachen, wenn wir ihre Gaben empfangen.

4 Wollt nicht nur mir die Sorge um jene Bürgerschaft[3] auferlegen, die mehr durch Euer lobenswertes Tun sicher ist! Ihr nämlich habt als Hüter die Aufsicht über das christliche Volk[4], Ihr liebt in väterlicher Weise die Allgemeinheit. Das Volk zu sichern, gehört zu Eurem Ruhmestitel, dem das Wächteramt von Gott anvertraut wurde. Daher ist es die uns geziemende Aufgabe, *einiges* zu bedenken, *alles* dagegen die Eure! Ihr weidet ja geistlich die Euch anvertraute Herde, trotzdem könnt Ihr auch das nicht vernachlässigen, was offensichtlich die körperlichen Bedürfnisse betrifft. Denn wie der Mensch aus beidem besteht, so ist es Sache des guten Vaters, sich um beides zu kümmern: Zunächst den zeitlichen Mangel, den unsere Sünden erwarten lassen, durch heilige Gebete zu beseitigen. Wenn dennoch etwas geschieht – was fern sei! –, dann wird Not gut dadurch vermieden, wenn man gegen sie [noch] in der Fülle vorgeht.

5 Mahnt mich nur eifrig an das, was zu bewerkstelligen ist! Ich hoffe doch sehr, gut zu handeln, auch wenn ich getadelt werde, denn weniger leicht irrt ein Schaf, das die Stimme des Schäfers hören möchte, und nicht leicht wird der lasterhaft, den ein beständiger Mahner drängt. Gewiß, am Hof bin ich der Richter – aber höre doch nicht auf, Euer Schüler zu sein, denn dann führen wir dies richtig aus, wenn wir von Euren Vorgaben am wenigsten abweichen. Da ich aber von Euch sowohl mit Rat ermahnt als auch durch Gebete unterstützt zu werden begehre, ist es schon Euch zuzuschreiben, falls man an mir etwas anderes finden sollte als wünschenswert.

6 Möge dieser dem ganzen Erdkreis bewundernswürdige Bischofssitz mit Zuneigung seine Gläubigen beschirmen, der, mag er auch der Welt allgemein vorgesetzt sein, bekanntlich auch uns vor Ort zugeteilt ist. Wir besitzen etwas den heiligen Aposteln[5] Gehöriges, wenn es [uns] nicht durch trennende Sünden entfremdet wird, indem jene Märtyrergräber, die alle zu schauen begehren, das glücklichere Rom in seinem Schoße zu bergen verdiente.

7 Nichts also fürchten wir angesichts solcher Schutzpatrone, so das Gebet des Bischofs nicht nachläßt. Gewiß ist es schwierig, die Wünsche vieler zu befriedigen, doch weiß die Gottheit, Großes zu bescheren. Möge sie selbst die Neider zurückstoßen, möge sie selbst uns die Bürger durch Himmelsstreben besonders geneigt machen und Euren Bitten Zeit gewähren, in der die oberste Gnade ihre Gunst verkünden möge.

1 Athalerich und Amalasuintha. 2 Des Teufels. 3 Die Römer. 4 Griechisch »episkopos« bedeutet Aufseher. 5 Petrus und Paulus glaubte man in Rom begraben.

XI,3 Cassiodor empfiehlt sich dem Gebet der Bischöfe und umreißt ihre Aufgaben (533)

Das bemerkenswerte Vertrauen des neuen Prätorianerpräfekten auf die Amtsheiligkeit der Bischöfe und ihr Gebet wird in diesem zu seinem Amtsantritt verfaßten Schreiben deutlich. Die irdische Rechtssprechung würde überflüssig, wenn sie es mit ihren Lehren erreichten, die Untugenden zu vertreiben. Gehorsam der Kirche gegenüber und weltliches Wohl werden in auch für die kommenden Jahrhunderte typischer Weise zusammen gesehen.

Der Prätorianerpräfekt Senator an verschiedene Bischöfe

1 Der leiblichen Väter natürliche Gewohnheit ist es, sich über den Aufstieg der Söhne zu freuen, wird doch ihrer Erziehung zugeschrieben, was immer man an Lobenswertem bei berühmten Nachkommen zugibt. Ihr aber, geistliche Väter, die ihr den Schöpfer des Alls mit erleuchtetem Geist erblickt, bittet bei der heiligen Dreifaltigkeit eifrig für mich, daß sie den in die Mitte gestellten Leuchter froh erglänzen läßt, damit mir nicht die innere Schau fehle, und von mir den anderen der Gesichtskreis erweitert werde.

2 Was wird es einem Richter nützen, für andere durchschaubar zu sein, wenn er sich selbst eher verdunkelt wird? Er [Gott] möge ein würdiges Gewissen schenken, der sich herabgelassen hat, [mir] die Tribunale zu übergeben. Er möge dem Richter die Beschränkung nehmen, damit er keinen Irrenden verdamme[1]. Er sei zu unserem Wohle anwesend, damit die Unglück bringenden Laster verschwinden. Er möge seine Liebe gewähren, damit er voll Erbarmen sündhafte Umtriebe ausschließe.

3 Daher, Ihr wahren Väter meiner Seele, bitte ich Euch mit liebevoller und gefälliger Bitte, daß ihr ein Fasten anordnet und dadurch den Herrn anfleht, der das Leben unserer Fürsten zur Blüte des Reichs verlängere, er möge die Feinde des Staates als Verteidiger schwächen, ruhige Zeiten, reich am Lob seines Namens, schenken und es durch die Beruhigung aller Dinge bewirken, mich gnädig Euch liebenswert zu machen.

4 Aber damit Euer Gebet auch umso leichter erhört werde, seid voller Aufmerksamkeit für jene, die wir schicken. Wovon wir nichts wissen, das ist uns nicht anzulasten. Ihre Handlungen soll Eure Zeugenschaft verfolgen, auf daß bei uns entweder der Gelobte Gunst oder der Getadelte Ungnade finden kann. Man wird sie nicht uns anlasten können, wenn sie sich verfehlen, wenn sie doch keinen Befehl haben, übel zu geben, auf daß sie gezwungen seien, listig anzunehmen[2].

5 Den Waisen und Witwen bietet Gott genehme Tröstungen gegen ihre harten Schicksalsschläge, aber so, daß Ihr nicht Raum für die Gesetze wegnehmt, was durch zu große Frömmigkeit geschieht, indem Ihr den Armen zu helfen sucht. Wenn denn einen Bestraften vielleicht etwas beleidigt, gebt allen solche Ermahnungen, daß Ihr die Rechte müßig gehen lassen könnt. Schließt aus, Ihr Heiligsten[3], das unversöhnliche Wüten der Laster unter den unreinen Geistern, weist Gewalt in die Schranken, vertreibt Habgier, unterbindet Diebereien, trennt die Verderberin des menschlichen Geschlechts, die Wollust, von Eurem Volk! So besiegt Ihr erfolgreich den Urheber

des Unrechts[4], wenn Ihr seine Verführungskünste aus den Menschenherzen verbannt.

6 Ein Bischof soll lehren, auf daß ein Richter nichts mehr zu bestrafen finden kann. Euch ist die Bewahrung der Unschuld anvertraut; denn wenn Eure Predigt nicht nachläßt, muß der strafende Eingriff notwendigerweise ruhen. Und daher empfehle ich meine Würde in jeder Hinsicht Euch, damit unser Handeln durch die Gebete der Heiligen unterstützt werde, die wir weniger auf menschliche Macht bauen.

7 Ratet mir auch vertraulich, was gerecht ist, ich bin kein schlauer Abschwörer: Was ich öffentlich soll, bringe ich ohne Zwang dar. Nun erbiete ich Eurer Heiligkeit den Ausdruck meines hochachtungsvollen Grußes und endige dieses briefliche Schreiben mit einem herzlichen Schluß, daß das Genehmere Euch in Erinnerung bleibe, weil der Geist das ihm zuletzt Gebotene lobt.

1 Dieser Satz kann auf die Tätigkeit des Richters Cassiodor im irdischen Leben bezogen werden oder auf Gott, der nicht den geirrt habenden Richter nach seinem Tode verurteilen möge. 2 Bezieht sich auf Bestechungen. 3 Dies ist eine ehrende Anrede aufgrund des Bischofsamtes, aber keine Akklamation von Heiligkeit im kirchenrechtlichen Sinn. 4 Den Teufel.

Konkordanz der Briefe

Brief	Seite
I,1	43
I,6	78
I,21	112
I,24	45
I,28	40
I,29	85
I,35	102
I,37	118
I,40	55
II,8	41
II,12	105
II,19	122
II,20	101
II,27	137
II,41	41
III,19	135
III,30	80
III,43	120
III,50	104
III,53	106
IV,1	64
IV,2	60
IV,15	50
IV,18	111
IV,22	139
IV,23	141
IV,34	110
V,1	66
V,10	51
V,11	53
V,17	48
V,30	121
V,36	47
V,37	138
V,42	81
V,43	62
VII,10	88
VII,15	75
VII,18	54
VII,32	108
VII,40	132
VIII,28	132
VIII,33	142
IX,3	114
IX,6	93
IX,16	145
IX,21	90
X,1	67
X,10	69
X,26	148
X,31	70
XI,2	149
XI,3	152
XI,8	128
XI,14	56
XI,38	86
XI,40	124
XII,17	53
XII,25	95

Literaturhinweise

(Dies ist keine Bibliographie zu Cassiodor oder seiner Epoche. Nur eine Auswahl jener Werke wird genannt, die hier für die Kommentierung besonders herangezogen wurden bzw. zur Vertiefung zu empfehlen sind.)

Bibliographien zu den Ostgoten in Italien:
http://www.sbg.ac.at/ges/people/rohr/ennodius/biblzue.htm

Zu Cassiodor und seinen Schriften findet sich die Literatur in den verschiedenen Geschichten der lateinischen Literatur, den einschlägigen Periodika wie Medioevo latino sowie in der Internetbibliographie:
http://ccat.sas.upenn.edu/jod/texts/cassbook/toc.html

Die Zeitschrift Cassiodorus: Rivista di studi sulla tarda antichità, Istituto di studi su Cassiodoro e su sul medioevo in Calabria (Squillace) erscheint nicht mehr. Dagegen erscheint die Zeitschrift Vivarium (Leiden) regelmäßig, ist aber nicht speziell Cassiodor gewidmet, sondern dem intellektuellen Leben im Mittelalter allgemein.

Kritische Editionen

Cassiodori Senatoris Variae, rec. Theodorus Mommsen, Berlin 1894 = München 1981 (Monumenta Germaniae Historica, Scriptores, Auctores antiquissimi 12)

Magni Aurelii Cassiodori Variarum libri XII, ed. Å. J. Fridh, Turnholti 1973 (Corpus Christianorum, Series Latina 96)

Sekundärliteratur

Amory, Patrick, People and identity in Ostrogothic Italy, 489–554, Cambridge 1997

Ausbüttel, Frank, Theoderich der Große, Darmstadt 2003

Barnish, Samuel, Religio in stagno: Nature, Divinity, and the Christianization of the Countryside in Late Antique Italy: Journal of Early Christian Studies 9, 2001, 387–402

Barnish, Samuel / Marazzi, Federico (eds.), The Ostrogoths from the Migration Period to the Sixth Century. An Ethnographic Perspective, Woodbridge 2007

Benedikt, Erich, Die Überlieferungen vom Ende Dietrichs von Bern: Festschrift D. Kralik, Horn 1954, 99–111

Brandt, Troels, The Heruls: http://www.gedevasen.dk/heruleng.html

Brennecke, Hanns Christof, Imitatio – reparatio – continuatio. Die Judengesetzgebung im Ostgotenreich Theoderichs des Großen als reparatio imperii?: Zeitschrift für antikes Christentum 4, 2000, 133–148

Bühler, Johannes, Die Germanen in der Völkerwanderung, Leipzig 1925

Burns, Thomas S., A History of the Ostrogoths, Bloomington 1984

Cammarosano, Paolo, Storia dell'Italia medievale. Dal VI all'XI secolo, 2. Aufl. Roma 2008

Cappuyns, Maieul, Cassiodore: Baudrillart Alfred (dir.), Dictionnaire d'histoire et de géographie ecclésiastique 11, Paris 1949, 1349–1408

Claude, Dietrich, Die ostgotischen Königserhebungen, in: Die Völker an der mittleren und unteren Donau im fünften und sechsten Jahrhundert (Denkschriften der Österreichischen Akademie der Wissenschaften, phil.-hist. Klasse 145, Wien 1980), 149–186

Dahn, Felix, Die Goten, [Neuausgabe] Essen o.J.

Dahn, Felix, Die Könige der Germanen II, München 1861 u.ö.

Diesner, Hans, Das Vandalenreich, Leipzig 1966

Dinzelbacher, Peter / Heinz, Werner, Europa in der Spätantike 300–600. Eine Kultur- und Mentalitätsgeschichte, Darmstadt 2007

Fauvinet-Ranson, Valérie, »Decor civitatis, decor Italiae«. Monuments, travaux publics et spectacles au VIe siécle d'après les Variae de Cassiodore, Bari 2006

Gibbon, Edward, The History of the Decline and Fall of the Roman Empire IV, ed. H. H. Milman, Philadelphia s.a. u.ö.

Giovanditto, Amilcare, Teodorico e i suoi Goti in Italia (454–526), Bergamo 1998

Goffart, Walter, Rome's Fall and After, London 1989

Goltz, Andreas, Barbar – König – Tyrann. Das Bild Theoderichs d. Gr. in der Überlieferung des 5. bis 9. Jahrhunderts, Berlin 2008

Gottzmann, Carola, Theoderich: Milfull, I. u.a., Mythen Europas II – Mittelalter, Regensburg 2004, 68–79

Gregorovius, Ferdinand, Geschichte der Stadt Rom im Mittelalter I/1, [Neuausgabe] München 1978

Grimm, Jacob, Kleinere Schriften III, Berlin 1866

Habiger-Tuczay, Christa (Hg.), Die aventiurehafte Dietrichepik: Laurin und Walberan, der jüngere Sigenot, das Eckenlied, der Wunderer, mittelhochdeutscher Text und neuhochdeutsche Übersetzung, Göppingen 1999

Harnack, Adolf von, Der erste deutsche Papst (Bonifatius II, 530/32) und die beiden letzten Dekrete des römischen Senats: Ders., Kleine Schriften II, 1980, 655–673

Hartmann, Ludo, Geschichte Italiens im Mittelalter I, Gotha 1897 u. ö.

Hartung v. Hartungen, Christoph, Romanen und Germanen im nationalen Spannungsfeld des 19. u. 20. Jhs.: Romanen & Germanen im Herzen der Alpen zwischen 5. und 8. Jahrhundert: Beiträge, hg. v. Landi, Walter, Bozen 2005, 161–211

Heerklotz, Alexander Theodor, Die Variae des Cassiodorus Senator als kulturgeschichtliche Quelle, Diss. Heidelberg 1926

Heinzle, Joachim, Dietrich von Bern: Enzyklopädie des Märchens III, 1981, 654–666

Heinzle, Joachim, Einführung in die mittelhochdeutsche Dietrichepik, Berlin 1999

Hodgkin, Thomas, Italy and her Invaders I–VIII, Oxford, 1880–1899

Hodgkin, Thomas, The Letters of Cassiodorus, London 1886

Jiménez Sánchez, Juan Antonio, La crisis de las venationes clásicas. ¿Desaparición o evolución de un espectáculo tradicional romano?: Ludica 9, 2003, 93–117 (http://www.ub.edu/grat/grat82.pdf)

Kakridi, Christina, Cassiodors »Variae«: Literatur und Politik im ostgotischen Italien, München 2005

Keys, David, »Als die Sonne erlosch«. 535 nach Christus: Eine Naturkatastrophe verändert die Welt, München 1999

Kuhn, Hugo, Dietrichs Flucht und Rabenschlacht, in: Die deutsche Literatur des Mittelalters – Verfasserlexikon II, Berlin 1980, 116–127

Manitius, Max, Geschichte der lateinischen Literatur im Mittelalter I, München 1911

Manso, Johann Kaspar Friedrich, Geschichte des ostgothischen Reiches in Italien, Breslau 1824

Meyer-Flügel, Beat, Das Bild der ostgotisch-römischen Gesellschaft bei Cassiodor: Leben und Ethik von Römern und Germanen in Italien nach dem Ende des Weströmischen Reiches, Bern 1992

Momigliano, Arnaldo, Cassiodoro: Dizionario biografico degli Italiani 21, Roma 1978, 484–504

Moorhead, John, Theoderic in Italy, Oxford 1992

Moorhead, John, Ostrogothic Italy and the Lombard Invasions: The New Cambridge Medieval History I, ed. Fouracre, Paul, Cambridge 2005, 140–161

Morosi, Roberto, I saiones, speciali agenti di polizia presso i Goti: Athenaeum 59, 1981, 150–165

O'Donnell, James, Cassiodorus, [postprint] 1995: http://ccat.sas.upenn.edu/jod/texts/cassbook/toc.html

Pferschy, Bettina, Formular und Formeln. Studien zur Typologie der Variae des Cassiodorus Senator, Diss. Wien 1983

Pirenne, Henri, Mahomet und Karl d. Gr. Untergang der Antike am Mittelmeer und Aufstieg des germanischen Mittelalters, Frankfurt 1963 u. ö.

Roth, Helmut, Kunst und Handwerk im frühen Mittelalter, Stuttgart 1986

Sartorius, Georg, Versuch über die Regierung der Ostgothen während ihrer Herrschaft in Italien, und über die Verhältnisse der Sieger zu den Besiegten im Lande, Hamburg 1811

Schubert, Hans von, Geschichte der christlichen Kirche im Frühmittelalter, Tübingen 1921 u. ö.

Seibt, Gustav, Goethe und Napoleon, München 2008

Skahill, Bernard, The Syntax of the Variae of Cassiodorus, Washington 1934

Teodorico il Grande e i Goti d'Italia (Settimane del Centro Italiano di Studi sull'alto Medioevo), Spoleto 1993 [Kongreßakten]

Thijm, Alberdingk, Iets over Magn. Aur. Cassiodorus Senator, 2. Aufl. Amsterdam 1858

Viscido, Lorenzo, Cassiodorus, Flavius Magnus Aurelius, Variae / Cassiodoro. Introd., trad. e note di Lorenzo Viscido, Cosenza 2005

Vismara, Giulio, Il diritto nel regno dei Goti in Italia: Studia et documenta historiae et iuris 58, 1992, 1–33

Wolfram, Herwig, Geschichte der Goten, 2. Aufl. München 1980

Wolfram, Herwig, Waffensohn: RGA 33, 49–51

Zimmermann, Heinrich Joachim, Theoderich der Große – Dietrich von Bern: Die geschichtlichen und sagenhaften Quellen des Mittelalters, Diss. Bonn 1972

Zimmermann, Odo John, The late Latin vocabulary of the Variae of Cassiodorus, Washington 1944 (Hildesheim 1967)

RGA: Reallexikon der germanischen Altertumskunde